O CÉREBRO DA POLÍTICA

Título:
O Cérebro da Política.
Como a Personalidade, Emoção e Cognição Influenciam as Escolhas Políticas

© Joana Amaral Dias e Edições 70

Revisão: Marcelino Amaral

Capa de FBA

Depósito Legal nº 375996/14

Biblioteca Nacional de Portugal – Catalogação na Publicação

DIAS, Joana Amaral, 1975-

O cérebro da política. - (Extra-colecção)
ISBN 978-972-44-1827-8

CDU 159.942

Paginação:
NUNO PINHO

Impressão e acabamento:
PAPELMUNDE

para
EDIÇÕES 70, LDA.
Outubro de 2014

Todos os direitos reservados

EDIÇÕES 70, uma chancela de Edições Almedina, S.A.
Avenida Fontes Pereira de Melo, 31 – 3º C - 1050-117 Lisboa / Portugal
e-mail: geral@edicoes70.pt

www.edicoes70.pt

Esta obra está protegida pela lei. Não pode ser reproduzida,
no todo ou em parte, qualquer que seja o modo utilizado,
incluindo fotocópia e xerocópia, sem prévia autorização do Editor.
Qualquer transgressão à lei dos Direitos de Autor será passível
de procedimento judicial.

Joana Amaral Dias

O CÉREBRO DA POLÍTICA

COMO A PERSONALIDADE, EMOÇÃO E COGNIÇÃO INFLUENCIAM AS ESCOLHAS POLÍTICAS

70

Ao José Medeiros Ferreira – o meu melhor amigo imaginário

ÍNDICE

Introdução – Da Psi à Polis 11

1- Da Omnipotência à Vulnerabilidade:
a Formação do Eu Político 17

2 - Personalidade e Líderes – de Ghandi a Hitler 31

3 - O Cérebro Político: Neurociência, Emoções,
Crenças e Cognição 63

4 - Eleitores e Candidatos 131

5 - Nós e eles: Psicologia Política dos Grupos 159

Conclusão – Para que Serve a Psicologia Política 201

INTRODUÇÃO

DA PSI À POLIS

Hoje sabe-se que as pessoas de direita, quando confrontadas com imagens ameaçadoras, manifestam uma maior atividade do sistema nervoso simpático (que estimula ações para responder a situações de stress, como lutar ou fugir, incluindo aceleração cardíaca, aumento da pressão arterial, da adrenalina e do açúcar do sangue) do que as pessoas de esquerda. E revelam também mais reações de medo. Portanto, as pessoas com menor sensibilidade a imagens e sons ameaçadores mais facilmente apoiam auxílio internacional, políticas favoráveis à imigração, pacifismo. Já indivíduos com reações fisiológicas mais intensas mediante esses estímulos mais facilmente apoiam o controlo das contas públicas e o patriotismo (Oxley *et al.*, 2008).

Também se sabe que a resposta à informação política ameaçadora é mediada por uma parte do cérebro que regula as emoções (córtex pré-frontal ventromedial), que não está relacionada com as regiões cerebrais que controlam tarefas racionais (córtex pré-frontal dorsolateral). Existe ainda pesquisa que mostra que as pessoas de esquerda são mais abertas à complexidade informacional do que as de direita (Lavine, 2010). Estudos como estes, e muitos outros, que serão apresentados ao longo deste pequeno manual de introdução à Psicologia Política, desafiam a forma tradicional de analisar a política.

Para já, importa reter que este tipo de pesquisa coloca no centro do cérebro da política as emoções. Por outro lado, revela que existem diferenças cerebrais, cognitivas, emocionais e de personalidade que determinam as escolhas políticas, que fazem com que uma pessoa seja mais de direita, votando preferencialmente à direita, outra prefira a esquerda e outra oscile. Importa, então, e em primeiro lugar, compreender como é que se forma esse eu político e a personalidade adulta, razão pela qual esses temas constituem o cerne dos dois capítulos iniciais deste livro.

Refletir sobre política é refletir sobre o poder. E o poder é um assunto central na Psicologia, para a qual pensá-lo significa problematizar a sua relação com a vulnerabilidade. O par poder/fragilidade é estruturante para todos os seres humanos, logo essencial para a ciência psicológica. O bebé nasce tão omnipotente quanto indefeso, o poder pode servir para que nos protejamos da vulnerabilidade. Poder com poucas vulnerabilidades leva ao abuso e vulnerabilidade sem poder ao falhanço. Vulnerabilidade e poder andam sempre juntos, tanto que todos os heróis, de Aquiles e o seu famoso calcanhar até ao Super-Homem e a kryptonite, têm o seu ponto fraco. Que também serve, naturalmente, para que com eles nos possamos identificar.

Aliás, o par poder e vulnerabilidade existe em toda a natureza, desde o reino animal ao reino vegetal, e molda os acontecimentos mais marcantes do ciclo vital de qualquer pessoa, da concepção ao parto, da doença à morte.

Muitos jogos infantis (a via preferida para as crianças conhecerem e se manifestarem) são brincadeiras de poder, nas quais aprendem, justamente, a elaborar a sua relação com a vulnerabilidade. O jogo do "pedra, papel ou tesoura" ilustra bem esse trabalho precoce – pedra é representada pela mão fechada, papel pela mão aberta e tesoura pelo estender em riste do indicador e do médio. Jogado por duas ou mais crianças, cada uma coloca as mãos atrás das costas e ao sinal "1, 2, 3" todas expõem simultaneamente a forma das suas mãos. Depois vê-se quem ganha, quem ficou poderoso e quem ficou vulnerável. A tesoura corta o papel, o papel embrulha a pedra, a pedra parte a tesoura (Brunning, 2014).

O par poder e vulnerabilidade é, então, primeiramente elaborado na relação bebé/pais, estruturando depois todas as outras interações. Todas – seja na família, no trabalho, nas organizações, nas instituições, nos países, situações às quais depois acresce uma enorme complexidade de variáveis, como se terá oportunidade de discutir.

Compreender melhor porque os governantes agem de determinada maneira, como se tomam certas decisões, o que causa conflitos, no limite, porque começam guerras, implica, necessariamente, explorar a psicologia, a posição face ao poder/vulnerabilidade, as personalidades, processos cognitivos, emoções e motivações das pessoas envolvidas no teatro político. Na verdade, sempre que se procuraram explicações para a natureza do *homo politicus*, as cabeças voltaram-se para a Psicologia individual e social. Foi assim com Platão e Aristóteles, que desenvolveram teorias políticas incluindo as capacidades e paixões dos cidadãos, foi assim com poetas. E ainda bem, já que nada na vida faz sentido sem uma teoria, uma história que enquadre o mundo e o conhecimento que dele temos, sendo que a Psicologia Política não apenas pro-

14 | O CÉREBRO DA POLÍTICA

cura compreender como se pensa ou sente mas também o porquê, transcendendo a análise política tradicional (Lavine, 2010). A área da Psicologia Política ainda suscita algumas perplexidades. Muitos nunca ouviram falar, perguntam do que se trata e revelam curiosidade ou surpresa. É natural que assim seja porque, embora se trate de uma área de investigação com dezenas de anos, constitui-se como um campo interdisciplinar (sobretudo entre a Psicologia e a Ciência Política, mas intersectando também a Sociologia, a Antropologia, a Neurociência e a Filosofia), que usa a Psicologia para explicar o comportamento, emoções e cognições políticas, empregando também diversas metodologias, desde as experimentais às qualitativas e que pretende, em última análise, promover padrões que sejam mais benéficos para as populações.

A Psicologia Política debutou nos anos 20 do século XX, sobretudo com estudos psicanalíticos na área da personalidade e da liderança, aprofundando-se nos anos 40/50, principalmente nos EUA, com os estudos sobre o comportamento eleitoral, tendo explodido nos anos 70 quando também alargou a sua área de pesquisa às relações internacionais e aos nacionalismos, conflitos étnicos e terrorismo. A última vaga de investigação em Psicologia Política e que constitui o âmago deste livro, mormente do terceiro capítulo, prende-se com as mais recentes descobertas da neurociência e a sua inevitável ligação ao corpo de conhecimento da Psicologia Experimental e da Psicologia Clínica. Já as questões relativas ao comportamento eleitoral e ao funcionamento dos grupos políticos serão abordadas nos capítulos finais.

Portanto, a Psicologia Política permite-nos perceber melhor vários aspetos do comportamento político, desde facetas patológicas até processos decisionais complexos.

Pode, por exemplo, permitir identificar processamentos de informação insuficientes, indicando a necessidade de reforço de assessoria, apontar para que emoções estão envolvidas em eleições e fornecer importantes pistas para a sua mudança, indicar que traços de personalidade são cruciais para a atividade política, que atitudes influenciam o voto ou, para dar um exemplo muito comum, indicar em que medida é que a propaganda negativa é eficaz, posto que durante muito tempo se supôs que ela seria contraproducente, inclusive entre os aderentes do mesmo partido.

Veremos como o lugar comum de que os atores políticos apenas agem racionalmente na defesa dos seus interesses pessoais está muito longe de ser uma explicação satisfatória. De facto, todas as pessoas – e os políticos não são exceção – agem segundo as suas personalidades, crenças, valores e pertenças grupais, por mais que a ideia de uma motivação racional seja reconfortante porque simplificadora do mundo. Sobretudo, e como todas as pessoas, agem em função das suas emoções.

Por exemplo, se o comportamento político fosse habitualmente motivado por uma defesa racional dos interesses próprios, esperar-se-ia que os eleitores pertencentes a classes sociais mais desfavorecidas votassem à esquerda e os pertencentes a classes sociais mais favorecidas votassem à direita, o que está longe de ser verdade. O que implica a influência de outros fatores. Veremos quais. E como.

1

DA OMNIPOTÊNCIA À VULNERABILIDADE: A FORMAÇÃO DO EU POLÍTICO

O cientista político Harold Lasswell foi um pioneiro na aplicação da psicanálise a um largo espectro de questões políticas, incluindo psicopatologia, sistemas de crenças, poder dos símbolos e estilos de liderança. Embora não fosse psicólogo nem tão pouco psicanalista [1], Lasswell compreendeu que as perspetivas políticas do indivíduo estão profundamente enraizadas nas emoções e motivações privadas, depois transferidas para a esfera pública e racionalizadas em termos de interesse público. Ou seja, algumas emoções são tão ameaçadoras ou potentes que

---

[1] Um dos problemas com que a Psicologia Política se tem deparado é, justamente, com o facto de ainda não ser regra que a respetiva investigação seja conduzida por indivíduos com formação e prática em Psicologia. Ainda que a fertilização cruzada da Psicologia Política tenha dado muitos frutos, desde logo, contrariando o académico etnocentrismo das disciplinas, frequentemente não foi desenvolvida por psicólogos – muito menos por psicólogos com formação e prática em política, resultando em algumas limitações.

18 | O CÉREBRO DA POLÍTICA

são redirigidas para outros objetos (políticos) mais remotos, satisfazendo necessidades próprias "disfarçadas" (Lavine, 2010). Daí que, realmente, se verifique, com frequência, que nem as pessoas votam de acordo com os seus interesses próprios nem os atores políticos ajam nessa concordância.

Lasswell influenciou trabalhos determinantes, de Erich Fromm a Theodore Adorno e, ainda que atualmente a Psicologia Política não se centre apenas no ancoramento das preferências políticas de cidadãos e elites na personalidade e no não-consciente, esta continua a ser uma linha de investigação fundamental. Numa integração desses estudos, *Jost et al.* (2003) defendem que os indivíduos que se identificam mais com a direita respondem assim a várias necessidades motivacionais, incluindo a redução do medo, ansiedade e dúvida/incerteza, evitamento da mudança/ambiguidade/disrupção, canalização da agressividade e necessidade de explicar a desigualdade entre pessoas e grupos. O que, aliás, está em consonância com as experiências descritas logo na abertura deste livro, entre muitas outras pesquisas. Mas estas investigações, como referido, apenas mostram que existem diferenças entres as pessoas de direita e as pessoas de esquerda. Não explicam porquê. Assim, importa desde já perceber qual a origem e o processo de formação/cristalização dessas mesmas diferenças.

Nos anos 70, Mary Ainsworth concebeu uma experiência chamada *Uma Situação Estranha*. Neste procedimento, a criança era observada a brincar por 20 minutos enquanto cuidadores (pai ou mãe) e estranhos entravam e saiam da sala, fazendo a situação variar em stress em oito episódios diferentes:

- Pai/mãe e criança são levados para a sala da experiência onde estão muitos brinquedos.

DA OMNIPOTÊNCIA À VULNERABILIDADE | 19

- Pai/mãe e criança estão sozinhos e o pai/mãe não participa enquanto a criança explora a sala.

- Entra um estranho, conversa com pai/mãe e depois aproxima-se da criança. O pai/mãe sai da sala discretamente.

- A criança fica sozinha com o estranho.

- Pai/mãe regressa, cumprimenta e conforta a criança e volta a sair.

- A criança fica sozinha com o estranho

- Pai/mãe regressa, cumprimenta e conforta a criança. O estranho sai discretamente.

A psicóloga estado-unidense observou então os comportamentos dessas crianças, relativamente à capacidade de brincar (exploração), reações à partida do seu cuidador (separação), a ficar sozinha com o estranho (a ansiedade estranha) e ao reaparecimento do cuidador.

Ainsworth constatou que as crianças reagiam de forma muito diferente – umas aceitavam bem a presença do estranho e continuavam a brincar; outras ficavam ansiosas só com o estranho e mais ainda com a partida do cuidador; outras reagiam bem ao regresso do seu cuidador; outras reagiam muito mal quando o cuidador entrava na sala. A investigadora percebeu, então, que as crianças tinham ligações (ou vinculações) aos seus cuidadores de qualidades diferentes. E classificou esse apego em três tipos básicos. Se a vinculação é segura, a criança explora os brinquedos, envolve-se com estranhos, fica perturbada quando o cuidador sai mas contente quando regressa.

Se a vinculação é resistente, a criança tem dificuldades em explorar os brinquedos, em interagir com estranhos, fica muito angustiada quando o cuidador sai e ambivalente quando ele regressa (tanto quer a sua atenção como não). Quando a vinculação é evitante, a criança evita ou ignora o cuidador (quando está, sai ou regressa), reagindo de modo semelhante ao estranho e à exploração do meio ambiente, como se valesse tudo o mesmo.

Estas crianças tinham entre nove a dezoito meses de idade. Ou seja, por volta do primeiro ano de vida a qualidade da ligação entre o bebé e os seus pais já está estabelecida. Com um ano de idade a criança já se sente mais ou menos segura para tolerar a ausência do outro, mais ou menos segura para explorar o mundo à sua volta, mais ou menos segura para se relacionar com um estranho. E não serão esses traços essenciais no comportamento político? Em que medida é que um adulto suporta melhor ou pior a angústia? Tolera-a e continua a explorar o mundo, aceitando o estranho, por exemplo a imigração? Se não a tolera o que faz com ela? Projeta-a nos outros? Ou sente-se ansioso perante uma ameaça ou um estranho como nas experiências descritas logo no início deste livro? Por fim, o que se passa até ao primeiro ano de vida que tanto molda precocemente o ser humano? Decorrem as primeiras experiências de poder e vulnerabilidade. Veja-se agora em que termos.

Um bebé nasce profundamente frágil e absolutamente dependente dos seus cuidadores para sobreviver. Isto não acontece em todas as espécies – em várias, a cria nasce e já anda, por exemplo, mas, de um modo simples, pode dizer-se que quanto mais se sobe na pirâmide evolutiva, mais vulneráveis são os recém-nascidos. Os neonatos primatas também dependem dos seus cuidadores, mas não tanto como os bebés humanos, que nascem com

DA OMNIPOTÊNCIA À VULNERABILIDADE | 21

cérebros comparativamente subdesenvolvidos. Estima-
-se que a gestação da mulher teria que ser de cerca de
20 meses para que desse à luz um filho com o estado de
desenvolvimento neurológico e cognitivo semelhante a
um chimpanzé recém-nascido. Até por questões anatómi-
cas – ao fim do primeiro ano de vida o cérebro do bebé
já duplicou de tamanho – e por questões metabólicas
(seriam demasiado exigentes para a mãe), uma gestação
de 20 meses é impossível. Para além disso, sabe-se que o
tempo de 9 meses optimiza o desenvolvimento motor e
neuronal. Permite uma espécie de "inserção social precoce", garante da civilização.

Porém, se esse salto prematuro para o mundo é essencial para a sobrevivência da mãe e para uma socialização
prematura, exige-se que exista pelo menos um cuidador
com uma capacidade – adquirida ao longo da evolução da
espécie – de estabelecer laços profundos com os outros.
Caso contrário, o bebé não se tornará num ser humano,
como, de resto, mostram os casos das crianças selvagens ([2]).

([2]) As crianças selvagens são crianças que cresceram isoladas do contacto social e foram totalmente ou quase totalmente privadas de cuidados
humanos. Existem muitas fraudes relativamente a estes casos, mas alguns
têm sido confirmados como bebés que foram criados por animais. Nesses
casos, as crianças não adquirem competências humanas básicas como a
linguagem ou comportamentos motores comuns. As crianças selvagens são
uma experiência radical, naturalmente impossível de replicar laboratorial-
mente. Contudo, vários destes casos apontam para a influência decisiva do
ambiente para que exista um ser humano tal como o entendemos. Uma
criança selvagem recentemente encontrada foi a ucraniana Oxana Malaya,
que terá vivido desde bebé e durante seis anos com cães. Embora exista
controvérsia quanto aos acontecimentos durante esse período, certo é que,
quando foi encontrada, Oxana mimetizava os comportamentos dos cães
e era incapaz de se reconhecer no espelho, um sinal básico de desenvolvimento e de autoconsciência que as crianças adquirem entre o primeiro e
o segundo ano de vida e também se verifica em alguns primatas, golfinhos,

22 | O CÉREBRO DA POLÍTICA

Portanto, a vulnerabilidade é o mais poderoso mecanismo de sobrevivência dos bebés. É essa fragilidade que garante a ligação precoce do recém-nascido ao meio ambiente e que está muito além da satisfação de necessidades primárias como a alimentação. O bebé liga-se para se desenvolver afetiva e socialmente e, de resto, o mesmo sucede entre alguns primatas. O psicólogo americano Harry Harlow, numa investigação que hoje dificilmente seria reproduzida por razões éticas, conduziu uma série de experiências com macacos-rhesus separados das suas mães. O macaco bebé era então colocado perante duas "mães", uma de tecido e outra feita de arame. A de tecido servia "apenas" para confortar, enquanto a de arame alimentava o bebé com um biberão. Os macacos preferiam passar o tempo com a mãe de tecido e o mínimo com a mãe de arame, apesar da associação com a comida. Quando Harlow os assustava, eles fugiam para a mãe de tecido.

Portanto, os bebés não são só três quilos de fragilidade. São também cinquenta centímetros de exigências constantes, expectativa de satisfação imediata das suas necessidades (dormir, comer, mudar de fralda, atenção, conforto). Sem querer alongar muito a questão, basta pensar como um bebé define uma miríade de novos papéis (pai, mãe, avô, avó, tio, tia), para perceber também o seu poder social. E a forma como estas primeiras experiências de vulnerabilidade e poder influenciam largamente as experiências de poder e vulnerabilidade na vida adulta.

Já se constatou, através das experiências de Mary Ainsworth, que esses laços profundos não têm sempre a mesma qualidade. Até aos seis meses de vida, o bebé

---

orcas, elefantes e nas pegas-rabudas (o único não-mamífero que possui essa competência).

DA OMNIPOTÊNCIA À VULNERABILIDADE | 23

encontra-se numa condição de absoluta dependência e as suas necessidades (através dessa "preocupação primária" – as competências dos cuidadores) são satisfeitas de modo quase perfeito. Logo, o bebé, Sua Majestade na expressão de Freud, não aprende imediatamente a distinguir o mundo interno do externo e o seu universo é solipsista (Nussbaum, 2013). Só quando essas necessidades começam a não ser atendidas de forma absoluta e se dá, igualmente, alguma maturação cerebral, é que o bebé começa a fazer essa distinção. Ou seja, começa a perceber que os pais são quem o atende e satisfaz, nomeadamente com a sua simples presença, tranquilizando-o. Aliás, qualquer pessoa que já tenha lidado com bebés sabe que quando são muito pequeninos sorriem para toda a gente e aceitam qualquer colo. Depois, começam "a estranhar", recusam desconhecidos e sentem solidão. Está feita essa primeira vinculação e eis a primeira experiência de vulnerabilidade do ser humano, acompanhada por essa capacidade essencial de distinguir o interno do externo.

Neste caminho, o bebé sente-se como um rei, mas um rei que depende absolutamente dos outros para a satisfação das suas necessidades, surgindo emoções como a alegria quando o atendem, raiva quando não. Como dizia o pediatra e psicanalista inglês Donald Winnicott sobre este estado primeiro de narcisismo, é a satisfação incompleta das necessidades que torna os objetos reais, alvo de amor e de ódio. Até aos dois anos aprende-se então a confiar – há dependência mas a certeza cada vez mais sólida (desejavelmente) que os pais vão e voltam, que não abandonam e que continuam a responder aos seus anseios. Mais tarde, o bebé vai passando por outros estádios de desenvolvimento, mas o que interessa reter, para já, é a qualidade da vinculação: segura, resistente, evitante.

24 | O CÉREBRO DA POLÍTICA

Realmente, é nas relações precoces com os outros (pais, família) que se sente pela primeira vez poder e vulnerabilidade. Essas primeiras experiências funcionam como uma matriz da qual vão depois derivar todas as outras formas de poder/vulnerabilidade na vida adulta. Para Martha Nussbaum, "Como pode este narcisismo ser ultrapassado na direção de uma estável preocupação com os outros? Este é o problema que todas as boas sociedades precisam de tentar resolver, e pode dizer-se que a combinação do narcisismo com o desamparo – um desamparo que é ressentido e repudiado – é onde o "mal radical" (de Kant) tem o seu começo, na formação de uma tendência a subordinar as outras pessoas às necessidades próprias" (2013, p.172). Ou seja, a perspetiva desta filósofa está em linha com o estado da arte da Psicologia do Desenvolvimento: para formar uma boa sociedade precisamos de indivíduos que tenham sido capazes de resolver, através de uma vinculação segura, o narcisismo e o desamparo.

Tal como há crianças que reagem bem a ficarem sozinhas com um estranho, continuando a brincar, e outras reagem muito mal, o adulto será mais ou menos capaz de aprender, descobrir, experimentar – explorar o mundo à sua volta? Será um ator político (eleitor ou presidente de república) mais ou menos aberto à informação, mais ou menos dogmático, mais ou menos desafiante dos constrangimentos, mais ou menos conservador, mais ou menos predisposto à mudança? Como será o tipo de interação social que estabelece? Será mais ou menos disponível, extrovertido, mais ou menos desconfiado ou agressivo? Como tenderá a relacionar-se com os vários grupos a que pertence (grupos sociais, partidários, políticos)? Claro que as respostas a estas perguntas estão longe de se esgotar na análise da qualidade de vinculação. Embora por aí devam começar.

DA OMNIPOTÊNCIA À VULNERABILIDADE | 25

A forma como se molda o eu político depende de um conjunto altamente complexo de variáveis. Desde logo, a sociedade em que está inserido, as experiências iniciais do sujeito, a personalidade, genes, emoções, cognições, os primeiros contactos com a política, a informação e a opinião política, em casa, na escola e nos grupos. Igualmente decisiva é, naturalmente, a época em que se vive e se constrói esse eu político, sendo que os tempos alteram os sistemas políticos, a ideologia e os partidos, influenciando fortemente a constituição desse núcleo inicial.

O próprio estádio do desenvolvimento do ser humano afeta as suas atitudes políticas, sendo que o pensamento infantil não permite a compreensão de conceitos como Tribunal Constitucional ou Assembleia da República, da mesma forma que as escolhas morais de uma criança podem ser mais hedónicas ou autoritárias. Os adolescentes podem ser preferencialmente atraídos por comportamentos menos convencionais ou quebra de regras, da mesma forma que os jovens adultos estão mais predispostos a constituir a sua autonomia e identidade, procurando referências e modelos.

Sem pretender aprofundar a questão da Psicologia Moral, é de sublinhar que as crianças constroem os seus princípios morais através das interações com os pais, família e pares. Piaget propôs um modelo de desenvolvimento moral com duas fases – as crianças passam de um estado heteronómico (no qual dependem absolutamente das regras externas) para um estado mais autónomo, numa segunda infância, com uma moral mais flexível. Este trabalho do psicólogo suíço foi seminal para desenvolver esta área da Psicologia Política, dando origem a múltiplas e fecundas investigações. Assim, percebeu-se que o raciocínio sobre a justiça das crianças evolui de escolhas baseadas em desejos (pelos 4/5 anos), para escolhas orientadas pela

26 | O CÉREBRO DA POLÍTICA

equidade e reciprocidade (dos 5 aos 9 anos), até incorporar as contingências das pessoas e das situações (depois dos 8 anos). De um modo geral, o ser humano evolui do entendimento social baseado em situações e pessoas concretas para uma compreensão fundada em princípios abstractos, passando também de um entendimento das leis como controlo social (preferindo aumentar as penas para leis que não obtêm resultados) para uma consciência dos benefícios sociais das leis (sugerindo que se uma lei não funciona, deverá ser alterada).

Contudo, e como sublinham Sears e Levy (2003), hoje sabe-se que crianças pequenas são capazes de fazer juízos sobre a justiça (não pensando apenas em termos de autoridade e castigo) e que conseguem sobrepesar o contexto e, por conseguinte, exceções às leis e regras. Ou seja, não há um estádio heterónimo absoluto. Experiências muito recentes conduzidas na universidade de Yale (Bloom, 2013) mostram que bebés de seis meses conseguem distinguir o mal do bem. A crianças dessa idade foi repetidamente mostrada a interação entre três formas de madeira – uma delas tem dificuldades em subir uma ladeira e ora é ajudada por outra, ora é desajudada por uma terceira (todas de cores diferentes). Depois de assistirem a estes acontecimentos pelo menos seis vezes, era apresentada aos bebés a possibilidade de escolherem a forma de madeira boa ou a forma de madeira má. Resultado: 80% dos bebés de seis meses preferem a forma de madeira boa. Talvez interessante fosse tentar perceber o que se passa com os restantes 20% e a relação do seu desenvolvimento moral com o seu desenvolvimento emocional, designadamente com a qualidade da vinculação.

Portanto, as noções básicas de moral adquirem-se muito precocemente. Já a identificação com um partido surge, em primeiro lugar e sem surpresas, ancorada nas preferências parentais (Campbell *et al.*, 1960). Vários estudos mostram que existe uma "identidade política familiar" construída a partir das conversas e escolhas na família, muitas vezes relacionando acontecimentos políticos com a própria história e memórias familiares (Tileaga, 2013). Aliás, mesmo que outras atitudes políticas não sejam adoptadas, até ao início da idade adulta é extremamente comum que os filhos prefiram os partidos dos quais os pais são aderentes ou simpatizantes, influência que se torna tanto mais forte quanto maior for a politização e consistência dos pais. A partir daí, os valores e opções da nova geração jogam um papel.

Os anos impressionáveis (Sears & Levy, 2003), da adolescência ao início da idade adulta, correspondem, naturalmente, à maior capacidade de, por essa altura, processar conceitos abstractos e à procura de referências e modelos para a construção da sua identidade, como mencionado. Por conseguinte, nestas faixas etárias a identificação partidária tende a ser mais volúvel e a adoção de certos valores ou princípios políticos apresenta-se flutuante. Assim, se os tempos forem de forte pressão para a mudança, podem surgir efeitos geracionais.

O exemplo mais pedagógico de tais efeitos é a geração de 60, sendo que os estudos mostram que para a maioria desses sujeitos a orientação de esquerda permaneceu ao longo das suas vidas, especialmente para os que estiveram diretamente envolvidos em protestos. De resto, note-se que, para além das forças familiares, a frequência de acontecimentos políticos ao vivo exerce, desde a infância, uma forte influência nos valores políticos e mesmo na identificação partidária. A intensidade do efeito que acontecimentos ao vivo provocam pode comparar-se apenas ao efeito que causam acontecimentos políticos fraturantes, como ditaduras, revoluções e guerras, sendo que este conjunto de eventos tende a moldar politicamente não apenas a geração que os protagoniza, como a estender os seus efeitos à geração seguinte ou mesmo às gerações seguintes. Politicamente, estes factos são da máxima relevância na medida em que o investimento das forças políticas na comunicação através dos *mass media* e das redes sociais não deve, de forma alguma, substituir a realização de acontecimentos políticos ao vivo como comícios, debates e manifestações.

Interessante é também notar que a memória coletiva prende-se, sobretudo, com os acontecimentos marcantes que cada geração assistiu. Por exemplo, se para uma determinada geração o acontecimento mais saliente foi a 2ª guerra mundial, é provável que essa geração interprete os acontecimentos presentes de acordo com essa grelha. Ou seja, "aprender com a história" prende-se, principalmente, com a memória muito seletiva que se tem desse curso e que influencia, depois, a perspectiva que se tem do momento. Um ator político para o qual a descolonização seja o momento político por excelência, por exemplo, tenderá a aplicar o que aprendeu com esse acontecimento à etapa que vive no momento. De qualquer forma, falar-se-á melhor de como funciona a memória quando se abordar a cognição.

Mais tarde, surgem padrões de resposta política que tendem a fixar-se ao longo da vida adulta. Podem surgir alterações em função dos novos papéis e das contingências sociopolíticas, mas raramente são de esperar alterações dramáticas. Apenas em casos de maior rutura, como participar numa guerra ou imigrar, emergem modificações e, mesmo assim, de frequência pouco expressiva.

De sublinhar, porém, que a força de adesão a determinados valores políticos e a identificação partidária seguem uma linha em U, ou seja, frequentemente são

DA OMNIPOTÊNCIA À VULNERABILIDADE | 29

mais instáveis antes dos 30 e depois dos 60. As razões pelas quais as atitudes políticas podem perder consistência depois da sexta década de vida não é totalmente clara mas poderá estar associada às mudanças de vida que ocorrem daí em diante, como a reforma ou os novos papéis sociais e familiares.

No recente filme *O Mordomo*, de Lee Davies (2013), é curioso observar esta mudança nas atitudes políticas. A personagem principal, Cecil Gaines, filho de um escravo assassinado, cresce nos anos 20 a servir na "casa dos brancos". Em adulto, torna-se mordomo na Casa Branca, atendendo oito Presidentes dos EUA. Apesar de ser vítima sistemática de discriminação e de assistir ao envolvimento do seu filho nos movimentos civis, apenas no final da sua vida muda a sua perspetiva política.

Seja como for, e como sublinha Converse (2004), o facto de os mais jovens e os mais idosos serem os grupos mais dispostos a alterarem as suas convicções partidárias pode contribuir para explicar a rápida ascendência do partido Nazi na Alemanha. Se muitos se interrogam como foi possível que os nacionais-socialistas ganhassem tanto terreno logo depois de 1932, a resposta pode passar pelo facto de quase dois milhões de jovens votarem pela primeira vez (e dando uma preferência claríssima aos nazis), e pela novidade de muitos idosos, sobretudo rurais, fazerem uma mudança drástica para esse partido.

Na política portuguesa, a retirada de direitos aos pensionistas e reformados executada nestes últimos anos poderá ter um efeito eleitoralmente importante. Se, como muitos dizem, sobrecarrega-se esse segmento da população porque se supõe que tem menos voz e menor capacidade de mobilização, poderá estar a negligenciar-se a tendência deste grupo (ainda para mais, eleitores assíduos) em mudar o voto.

2

PERSONALIDADE E LÍDERES –
DE GHANDI A HITLER

Muitos leitores conhecerão as suas experiências, mas de tão fraturantes que foram não será demais relembrá-las. Stanley Milgram foi o maior psicólogo político do seu tempo. Esse investigador fez uma pergunta simples: "Porque é que as pessoas obedecem ao Estado mesmo quando para isso têm de violentar os seus princípios morais e éticos?" A pergunta era pertinente na época e conserva a sua atualidade. Pois Milgram não só chegou a uma resposta como teve uma surpresa. Que ainda hoje é admirável. O contexto da sua pesquisa é importante. No pós-Segunda Guerra Mundial, o mundo inteiro se interrogava como é que o holocausto tinha siso possível. Nesse cenário, ganhou peso o livro de Theodore Adorno, *A Personalidade Autoritária*, advogando que as raízes do fascismo se encontravam na repressão e autoritarismo parental e implicando que havia algo de errado com o povo alemão (Houghton, 2009). Este livro de Adorno é, possivelmente, a mais conhecida obra de Psicologia

Política, famoso até pela sua originalidade, posto que foi o primeiro estudo da sua época a empregar técnicas de pesquisa rigorosa. Já voltaremos a ele. Para já, centremo-nos em Milgram que pensava mais na situação (situacionismo) do que nas características das pessoas como a personalidade (disposicionismo). Como seguidor dos trabalhos de Solomon Asch, desconfiou das conclusões de Adorno.

Asch conduziu as célebres experiências do conformismo em que mostrou que a pressão de grupo leva à mudança de opinião. Convocou 123 participantes masculinos, dizendo-lhes que fariam parte de um ensaio sobre julgamento visual. Cada participante era colocado num grupo com 5 a 7 pessoas que eram apresentadas como outros simples participantes quando, na verdade, pertenciam à equipa de Asch. Os participantes eram confrontados com dois cartões: um com um segmento de reta e outro cartão com três segmentos de reta, legendados com A, B, C. Depois, pedia-se aos participantes que dissessem a que letra correspondia o segmento de reta do primeiro cartão. Um exercício simples e óbvio, como se vê. Acessível a uma criança de 3 anos.

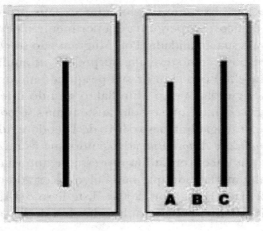

Aos participantes, dizia-se ainda que existiriam vários ensaios. Os falsos participantes respondiam primeiro e o verdadeiro participante no final (ou penúltimo). Nos primeiros ensaios, os falsos participantes respondiam certo e o participante real também, claro. Contudo, a partir do quarto ensaio, os falsos participantes começavam a dar respostas erradas (previamente combinadas com Asch). De modo que, em 18 ensaios, deram respostas erradas em 12 deles. Nessa situação, o participante real podia ou ignorar a opinião da maioria e decidir de acordo com a sua cabeça ou alinhar com a maioria, mesmo sabendo que a resposta certa era de uma clareza cristalina.

O que faria o leitor em semelhante situação? Levantar-se-ia para afirmar que todos os outros estavam enganados? Desconfiaria do seu cérebro e das suas capacidades? Consideraria ir rapidamente ao oftalmologista? Ou ficaria muito embaraçado, acabando por embarcar na maré? Provavelmente, estará a pensar que não abdicaria do seu próprio julgamento. Pode ser que sim, mas é altamente provável que não. Afinal, o que Asch descobriu foi que 75% dos participantes verdadeiros abdicavam do seu próprio julgamento. Ou seja, uma grande percentagem segue a maioria só porque é a maioria e contra todas as evidências. A pressão social funciona. E de que maneira.

Portanto, influenciado por este espantoso trabalho, Milgram decidiu montar também uma experiência engenhosa e enganosa para os participantes verdadeiros, tal como a de Asch. Ele queria testar o poder da autoridade, lembra-se? Disse aos participantes verdadeiros que se tratava de um ensaio sobre o papel do castigo na aprendizagem e pediu-lhes que administrassem choques eléctricos quando o "aluno" errasse (claro que esta vítima era um falso participante – um ator – e os choque eléctricos inexistentes – mas muito bem simulados). O resultado

34 | O CÉREBRO DA POLÍTICA

foi, literalmente, chocante: os participantes reais administravam choques que iam aumentando de intensidade à medida que se verificavam os erros do ator, até a uma voltagem que representava risco de vida. Antes de começar a experiência, Milgram fez uma sondagem entre psiquiatras e psicólogos. Apenas 1% disse acreditar que os participantes reais desferissem uma descarga eléctrica. Pois bem, 65% dos sujeitos (igual para homens e mulheres) foi até à marca "perigo" e, depois, "mortal". Mesmo que, do outro lado, a vítima chorasse e berrasse de dor. Outra descoberta interessante que o investigador constatou foi o facto de, ao diminuir a distância entre o participante real e o ator, a obediência diminuía (ainda que não desaparecesse). Muitos dos participantes reais manifestaram, no decorrer da experiência, sinais de ansiedade mas grande concentração na tarefa e posteriormente não se consideravam responsáveis pelas suas próprias ações. Tal como os pilotos que bombardeiam áreas civis e tal como no documentário *Corações e Mentes* (Peter Davis, 1974), um piloto que conduziu ações semelhantes no Vietnam descreveu o que sentia – preocupado em cumprir o seu dever, sem pensar sobre as pessoas que estavam a ser bombardeadas. Sentia-se como "uma cantora de ópera a interpretar uma ária" (Houghton, 2009).

O que Milgram descobriu, recrutando para a experiência pessoas de várias classes sociais e crenças religiosas, excluindo sujeitos com patologia psíquica (nomeadamente sadismo), é que as forças sociais, nomeadamente a autoridade, moldam definitivamente o comportamento regular. O mal, afinal, é banal e o próprio Milgram estabeleceu paralelos entre as suas descobertas e o trabalho de Hannah Arendt, designadamente com as suas conclusões sobre o oficial nazi Adolf

PERSONALIDADE E LÍDERES – DE GHANDI A HITLER | 35

Eichmann que cunhou com a expressão "a banalidade do mal". Essa sua reflexão foi retratada no filme de Margarethe von Trotta em 2013. O mais famoso psicólogo político do seu tempo ainda conduziu uma outra variante na sua experiência, partilhando o teste e punição da "vítima" entre vários participantes ao mesmo tempo. A obediência aumentou ainda mais, fenómeno a que Milgram chamou "mal socialmente organizado" (Houghton, 2009). No filme *Eles vivem*, de John Carpenter (1988), o protagonista descobre um par especial de óculos de sol que permite ver o mundo tal como ele é: as pessoas a serem bombardeadas com mensagem governamentais e publicitárias dizendo: "Submeta-se à autoridade"; "Obedeça", "Permaneça a dormir". Foi esse par de óculos que Milgram descobriu na realidade e umas décadas antes.

Contudo, existem diferenças socioculturais quanto à obediência e ao efeito da autoridade. Por exemplo, estas experiências foram repetidas na Alemanha e a percentagem de obedientes aumentou de 65 para 85% (Houghton, 2009). Da mesma maneira, os 35% de "rebeldes" devem-se também a características disposicionais, às histórias de vida e personalidade desenvolvidas. Nomeadamente, entre esses participantes na experiência de Milgram, um era um padre e outro uma técnica de saúde que tinha crescido durante o regime nazi na Alemanha. Portanto, nesses 35% devem estar incluídas pessoas como Oskar Schindler, o industrial alemão que arriscou a vida para salvar centenas de judeus, ou Humberto Delgado, que desafiou o regime de Salazar e acabou por ser morto pela PIDE em Espanha.

A experiência de Milgram é, portanto, fundamental para perceber fenómenos como os genocídios e juntamente com a de Asch permite-nos, para já, concluir que as pessoas tendem a conformar-se perante o grupo e mediante a autoridade.

Outra experiência essencial para compreender o peso da situação é a de Philip Zimbardo que nos anos 70 pretendia estudar os efeitos dos papéis prisionais no comportamento. Os resultados viriam a explicar aquilo que sucedeu três décadas depois, em Guantánamo e Abu Ghraib. O que Zimbardo mostrou é que a linha que divide o bem do mal é mais fina que uma folha de papel, permeável e nebulosa, sendo que é possível os anjos transformarem-se em diabos e os diabos em anjos, como no quadro de Escher. Ou seja, mesmo que gostemos de pensar em nós mesmos como boas pessoas, em situações especiais facilmente qualquer um de nós pode praticar o mal.

PERSONALIDADE E LÍDERES – DE GHANDI A HITLER | 37

Zimbardo recrutou para a sua experiência vários participantes: uns para fazerem de guardas prisionais, outros para desempenharem o papel complementar, o de prisioneiros. Selecionou-os cuidadosamente, eliminando indivíduos com psicopatologia, e meteu então 24 homens numa cave. Possivelmente influenciado pelo Psicodrama de Jacob Moreno [3], Zimbardo chegou mesmo a pedir à polícia para simular a detenção dos prisioneiros. A encarnação do papel foi, a partir daí, o mais fiel possível, tal como é suposto acontecer no palco do psicodrama: os reclusos foram acusados de determinados crimes, revistados à chegada e vestidos com fatos típicos de detidos. Ao princípio tudo corria normalmente. Ao fim de dois dias, porém, os "guardas" começaram a manifestar comportamentos sádicos, suprimindo direitos aos prisioneiros e criando novas formas de punição (estavam proibidos de aplicar castigos físicos). Um dos guardas especializou-se em aplicar sanções particularmente humilhantes, obrigando por exemplo os reclusos a simularem sodomia uns com os outros. Um terço dos guardas adotou este tipo de comportamento. Alguns prisioneiros revoltavam-se, outros conformavam-se e outros apresentavam clara diminuição das suas capacidades ("esgotamento"). Dizia Oscar Wilde que "o homem não é ele próprio quando fala na primeira pessoa. Dêem-lhe uma máscara e ele dirá a verdade". Pois é. Inicialmente, a

---

[3] O psicodrama é um método de ação, frequentemente usado como forma de psicoterapia, no qual os pacientes usam da dramatização e o *role playing* para investigar e adquirir *insight* sobre as suas vidas. Recriando situações no presente, as pessoas têm a oportunidade de avaliar o seu próprio comportamento e para melhor compreender a situação na qual se encontram. Uma grande variedade de cenas pode ser trabalhada, desde acontecimentos do passado, do presente, fantasias, sonhos, bem como circunstâncias do futuro.

38 | O CÉREBRO DA POLÍTICA

experiência deveria durar duas semanas, mas Zimbardo acabou por ter que interrompê-la pois tinha-se tornado perigosa demais.

As suas conclusões apontam para a noção, não de que somos intrinsecamente maus ou perigosos, mas de que existem situações más e perigosas que nos podem transformar. Zimbardo acabou por publicar um livro intitulado *O Efeito Lúcifer*, no qual discute as suas experiências e compara-as aos acontecimentos de Abu Ghraib. Talvez quem diz que algumas prisões são uma escola de crime não ande assim tão longe da verdade. Uma anti--experiência de Zimbardo encontra-se no filme *César Deve Morrer* (2012) dos irmãos Taviani. Nele, um conjunto de prisioneiros de uma ala de alta segurança em Itália ensaia e representa o Júlio César de Shakespeare. A peça, as suas tensões, a conspiração, a traição, a honra, a vingança, a morte, a liberdade, os conflitos entre o poder e a amizade, confundem-se com a própria realidade dos reclusos. Encenando Júlio César, estes atores amadores têm a possibilidade de transformar o medo e a raiva. Como verbaliza um detido: "Desde que conheço a arte, esta cela tornou-se numa prisão".

Portanto, as pessoas conformam-se com o grupo, obedecem à autoridade e podem tornar-se especialmente sádicas e violentas se a situação o estimular. Todas estas tendências fazem parte da nossa hereditariedade evolutiva – quer a hierarquia quer a solidariedade (conformismo numa forma extrema) são úteis. São vantajosas entre os primatas e continuam a ser proveitosas nas sociedades humanas – mas só até determinado limite, como é evidente e as própria experiências descritas o demonstram. As organizações militares são altamente competentes a usar a obediência/pressão grupal e, frequentemente, as sociedades também (Nussbaum, 2013).

Um trabalho clássico sobre a influência da situação/ sociedade nos indivíduos é do Erich Fromm (1941). Esse psicólogo alemão defende que as sociedades pré- -capitalistas tradicionais formam laços com os indivíduos que bloqueiam o seu total desenvolvimento, obstaculizam a sua capacidade crítica e permitem o reconhecimento – próprio e dos outros – apenas através da participação no clã ou em determinada comunidade e não como seres humanos livres e emancipados (Lavine, 2010). Porém, argumenta Fromm, essa participação garante segurança. Esse indivíduo pertence, assim, a um todo estruturado no qual ocupa um lugar inquestionável: "Pode sofrer de fome ou opressão, mas não sofre da pior das dores – solidão absoluta e dúvida" (p.35).

Um exemplo mais recente deste tipo de análise da situação/sociedade é o de Mark Stein (2014). O autor desenvolve uma análise da crise financeira de 2008 a partir da noção de cultura maníaca. Essa cultura é ca- racterizada por quatro aspectos: negação, omnipotên- cia, triunfalismo e sobreatividade. Para Stein, 2008 foi precedido por duas décadas de incubação dessa cultura, precipitados pela queda dos regimes comunistas e du- rante as quais crises como a japonesa ou a do Sudeste Asiático não foram entendidas como sinais de alarme, antes como oportunidades para uma fuga em frente. Nesse trabalho, sublinha-se a inédita tomada de risco, a negação das vulnerabilidades próprias e da situação (os sinais de perigo são lidos mas não são interpretados de maneira a promover a proteção), a omnipotência (crença na invulnerabilidade e interpretação sistemática do perigo como desafio), triunfalismo (necessidade de ser vitorioso e afirmar superioridade), e sobre-atividade (hiperatividade para proteger o próprio de sentimentos de invulnerabilidade).

O filme *O Lobo de Wall Street* (2013), de Martin Scorsese, baseado numa história real, a de Jordan Belfort, um jovem de classe média que quer ser um potentado de Wall Street, ilustra bem essa cultura de mania, incubada nos anos 80 e 90. Hoje sabe-se que lidar com dinheiro (lidar no sentido literal, como apenas contar notas) reduz a frustração resultante da interação social menos positiva e pode mesmo diminuir a dor física (Zhou *et al.*, 2009) e que o dinheiro ativa exatamente a mesma área cerebral que a cocaína e a paixão.

Realmente, a situação/sociedade é fundamental. Mas as experiências de Milgram, Asch ou Zimbardo também mostram que, para que se gerem os efeitos descritos, tem de existir um grupo, uma autoridade e que mesmo assim há certas pessoas que "resistem" a todas essas variáveis. Ou seja, mesmo nas piores circunstâncias há quem escape ao conformismo e à "banalidade do mal". Nessas pessoas reside também a possibilidade de construir sociedades melhores e de operar mudanças políticas. Esse facto obriga-nos a refletir melhor sobre os tipos de personalidade e liderança.

Diz Winter (2005) que Woodrow Wilson perdeu a paz em 1919 porque negociava ineptamente, confundia retórica com substância e rejeitava compromissos; que Hitler incendiou a Europa com uma política internacional que parecia enraizada na sua patologia pessoal e que as dificuldades de autocontrolo puseram em risco os alcances da política de Bill Clinton. O estudo da personalidade em política é um ramo não apenas possível, como fundamental, ainda que para isso tenha que suplantar os problemas metodológicos que apresenta e responder às críticas que apontam para uma distribuição de todos os tipos de personalidade nos vários papéis sociais; o peso da situação; a influência das características socioeconómicas dos próprios agentes políticos. Realmente, todos esses vértices influenciam os fenómenos políticos, mas seria notável pensar que as instituições e os processos políticos, feitos por pessoas, não são influenciados pelas características de cada indivíduo. A personalidade é um dos fatores que mais influenciam o comportamento político a par das emoções. Cada personalidade é única, como um rosto, embora, tal como nele, certos traços surjam em muitas pessoas. Frequentemente, os indivíduos apresentam traços em comum, como graus específicos de complexidade nos processos de pensamento, o desejo de afeto ou de admiração, mas a combinação desses traços é única para cada indivíduo. A personalidade afeta todos os processos de pensamento e o comportamento, frequentemente de forma não consciente. Logo, a personalidade é o centro do cérebro da política. Já a personalidade do líder molda as suas escolhas e resultados, influencia com intensidade o comportamento do grupo, como já mencionado, ainda que a personalidade dos seguidores constitua quer uma oportunidade quer um entrave à ação do líder.

Entende-se, portanto, que a personalidade é um conjunto adquirido relativamente estável de predisposições e regularidades para o comportamento e a reação a estímulos, consciente ou inconsciente. A personalidade não é tanto um conjunto de traços fixos mas um conjunto de disposições que se revelam de acordo com a situação, sendo que se torna mais decisiva em contextos ditatoriais, altamente conflituosos ou em tempos de grandes mudanças.

A personalidade inclui dimensões que são diretamente observáveis, como o temperamento (extroversão, energia, neuroticismo) ou o contexto de origem (género, classe social, etnia, história), e dimensões que só podem ser

42 | O CÉREBRO DA POLÍTICA

inferidas como as cognições (crenças, atitudes, valores e autoconceitos) ou os motivos (motivação, objectivos e mecanismos de defesa).

Não por acaso, e como referido, o estudo da personalidade é o capítulo mais antigo da história da Psicologia Política, centrando-se sobretudo nos líderes. Separá-los é mais complicado do que separar gémeos siameses. E será que existe uma "personalidade autoritária"? Voltemos então ao livro com o mesmo nome de Adorno. Um das coisas que, desde logo, é interessante verificar é que muitas das descobertas que esse filósofo alemão encontrou haviam já sido espontaneamente explorados por psicólogos nazis. Adorno concluiu que a personalidade autoritária incluía traços de etnocentrismo, fortes defesas do ego (dificuldade em admitir as suas fraquezas e pouco *insight*), rigidez mental e intolerância à ambiguidade, projeção e idealização das figuras de autoridade, conformidade e convencionalismo, manifestação de hostilidade e agressão perante os desviantes, conservadorismo político-económico (Jost & Sidanius, 2004).

Como já mencionado, a estruturação deste tipo de personalidade autoritária foi então atribuída a uma parentalidade opressiva/punitiva e a uma socialização restrita dentro da família. O exaustivo trabalho de Adorno (mais de 1000 páginas) tem sido alvo de severas críticas metodológicas, entre outras, como as resultantes das experiências descritas. Uma das críticas mais pertinentes é relativa às causas do autoritarismo que esse filósofo confinou à família. Hoje sabe-se que a situação (ou o situacionismo de Asch e Milgram) é determinante, como explicado, e que tempos de profunda crise económica, social e política constituem o caldo de cultura ideal para a emergência de manifestações de autoritarismo. Isso é algo confirmável, aliás, pela história política das nações. Logo, quem hoje teme que as condições político-económicas na Europa abram um território fértil para o surgimento de líderes autoritários tem, efetivamente, a ciência e a história do seu lado. Não obstante as críticas a Adorno, muitos dos caminhos de investigação e constructos que alcançou permanecem, ainda hoje, pertinentes. Por exemplo, autores como Altemeyer (1981) reviram o seu trabalho simplificando os tipos de personalidade autoritária em três:

1) agressão autoritária – agressividade generalizada dirigida a diferentes pessoas e percebida como sendo sancionada pelas autoridades;

2) submissão autoritária – elevado grau de submissão às autoridades percepcionadas como legítimas;

3) convencionalismo – crença nas convenções tradicionais preservadas pelas figuras de autoridade.

Altemeyer desenvolveu ainda uma escala para medir o que designou de "autoritarismo de direita" que permite prever o racismo, o sexismo, o conservadorismo político, apoio à pena de morte, patriotismo, fundamentalismo religioso e militarismo, confirmando algumas das principais conclusões de Adorno (Jost & Sidanius, 2004). Altemeyer (2004) investigou também os tipos de personalidade que seguem a personalidade autoritária. Sem grande surpresa, constatou que se trata também de pessoas com pontuação elevada na Escala de Autoritarismo de Direita (EAD), acreditando fortemente que se devem submeter às autoridades estabelecidas e às normas que delas emanam. As personalidades autoritárias que são seguidores manifestam também traços fortes de etnocentrismo, conformismo, hostilidade relativa às minorias. As suas raízes estão estabelecidas no medo, sendo que percepcionam o mundo como um lugar perigoso e as sociedades à beira da autodestruição. Este medo instiga a agressão. Em segundo lugar, os seguidores autoritários têm a crença de que são moralmente superiores aos outros, melhores pessoas, mais bem formados, o que desinibe a sua agressividade e lhes dá carta branca para agirem os seus medos. Diferente é a personalidade socialmente dominadora. Estes indivíduos tendem a ser menos religiosos, tradicionalistas e convencionalistas que os autoritários e não estão convencidos de ser moralmente superiores. Poutro lado, são mais hedonistas e pouco motivados moralmente. O poder em si mesmo é algo que os estimula e a agressão/controlo não é o resultado de impulsos como nas personalidades autoritárias, mas algo procurado ativamente como forma de dominação. São menos inclinados do que os autoritários para restringir direitos, liberdades e garantias, mas apresentam preconceitos semelhantes relativamente às minorias. Economicamente tendem a ter uma postura mais liberal e a pesquisa (Altemeyer, 2004) revela correlações entre esse tipo de personalidade e o tipo de personalidade da mãe, sobretudo, do pai. Essa correlação também existe no caso das personalidades autoritárias, mas é mais elevada e indiferente ao facto de ser a personalidade da mãe ou a do pai.

Portanto, a personalidade autoritária baseia-se no triângulo convencionalismo/submissão à autoridade/agressão a outros grupos, situando-se no polo oposto ao da liberdade. Na política europeia corresponde sobretudo aos conservadores. Já a personalidade socialmente dominadora privilegia as relações hierárquicas, o poder e a desigualdade, situando-se no polo oposto da igualdade.

Na política europeia corresponderia sobretudo aos liberais. A pesquisa mostra, por exemplo, que as personalidades autoritárias respondem mais rapidamente a palavras ameaçadoras do que não-ameaçadoras numa tarefa de reconhecimento automático de palavras, quando comparadas com personalidades não autoritárias (para além da já mencionada atividade do sistema nervoso simpático). Mas também revela que as personalidades autoritárias respondem mais rapidamente do que os não-autoritários a palavras simplesmente homófonas de palavras ameaçadoras. Da mesma forma que quando é dada em situação experimental ênfase à morte, as personalidades autoritárias cometem enviesamentos nas suas preferências por informação coerente (por oposição a informação incongruente), presumivelmente como estratégia para diminuir a ameaça e a ansiedade (Lavine, 2010).

Porém, todos sabem que se a liderança pode ser autoritária, a liderança também pode ter estilos muito diversos. Basta compararmos Hitler com Ghandi. Na verdade há o "poder-sobre" e o "poder-para" (Henderson, 2014). Já vimos como os bebés desenvolvem "estilos" de vinculação segura, resistente ou evitante e como no seu desenvolvimento as crianças passam de uma posição de total omnipotência para um sentimento de ódio/amor face aos seus cuidadores. Esses sentimentos geram, naturalmente, uma profunda angústia infantil que pode só pode ser ultrapassada se esses cuidadores, mesmo perante a raiva da criança, conseguem manter um contínuo de cuidado, afecto e contenção. Nesse caso, a criança atingirá sentimentos de gratidão perante a satisfação das suas necessidades, culpa perante os seus impulsos agressivos e, depois, a capacidade de suspender ou adiar os seus anseios. Para a filósofa Martha Nussbaum (2013) aqui residem os "rudimentos da moral". Se esse contínuo não

46 | O CÉREBRO DA POLÍTICA

se verificar – como infelizmente não se verifica na vida de algumas crianças – o desenvolvimento da personalidade ficará "bloqueado".

Por conseguinte, as desaprovações das causas familiares que Adorno apresentava para o desenvolvimento da personalidade autoritária não colhem tanto eco na psicologia do desenvolvimento e, por conseguinte, na Psicologia Política. Esses críticos entendem que não existem apenas traços de personalidade mas também situações (como as de Milgram ou Asch). A questão é que a família e os cuidadores são a primeira e primordial situação em que se encontra o ser humano. E se essa situação não for afetuosa e contentora, mas antes rígida e autoritária, a moral não se interioriza- aprende-se por regras e não emocionalmente. Para melhor ilustrar esta diferença, atente-se no filme *O Laço Branco* (2009) de Michael Haneke, sobre a Alemanha entre as duas grandes guerras. Nele, todas as crianças cresceram em famílias autoritárias, respeitando as regras e a justiça mas sem perceber realmente o seu significado e carregando um ódio que não encontrou uma relação segura onde pudesse ser transformado. Numa família, as crianças são obrigadas a usar uma fita branca como lembrete da inocência que todos transgrediram e que se torna símbolo de uma culpa que permanece em estado bruto e não encontra um interlocutor com quem possa ser elaborada.

Em traços grossos, pode dizer-se que no desenvolvimento humano existem duas "posições" mentais básicas – a paranoide – em que se luta pela sobrevivência do eu, e a depressiva, em que a maior ansiedade diz respeito à sobrevivência dos outros queridos. A psicanalista Melanie Klein defendia que a posição depressiva surgia depois da paranoide, quando a criança começa a integrar os pais como totais (bons e maus), atenuando a clivagem "maniqueísta". Ou seja, se inicialmente a angústia do bebé é de perseguição (pelo outro "mau" que não satisfaz as suas necessidades), depois passa a ser de culpa, na medida em que a raiva que sente é agora dirigida a um ser que também é bom. Nessa posição, encontra-se a possibilidade de respeitar o outro, enquanto ser diferenciado e separado. A vida adulta supõe a resolução de ambas as posições mas também um regresso a elas e uma oscilação sempre que as situações as reativam.

A construção destas posições e respetivas oscilações entre uma e outra dependem do "estilo" de vinculação estudado por Ainsworth e, claro, da possibilidade que aquele adulto teve, na infância, de construir relações sem "laços brancos". Na posição paranoide, o sujeito projeta nos outros as suas "partes más" (algo semelhante ao que foi escrito por Adorno). Já na posição depressiva a pessoa assume a responsabilidade dessas suas "partes más", tolerando-as. E tornando-se, assim, num sujeito mais apto para a empatia e reparação.

Desta forma, o poder-sobre é um estilo de exercício do poder em que o enfoque está claramente orientado para as tarefas e a ênfase está colocada nas competências e autossuficiência. Claro que este tipo de poder mais facilmente descamba em posse e controlo. Já o poder--para centra-se no diálogo, nas contribuições diversas, na capacidade do outro participar. Foca-se na relação e empatia (Henderson, 2014).

No par poder-vulnerabilidade, torna-se então indispensável perceber como é que se lida com a fragilidade e a dor. Possivelmente, no extremo do poder-sobre, o ator político evitará sentir qualquer vulnerabilidade – será por isso mesmo que, neste caso, se procura o poder-sobre e tenderá, em casos limite, a aplicar essa fragilidade/dor aos outros. Já no poder-para o ator político interioriza as

48 | O CÉREBRO DA POLÍTICA

vulnerabilidades, fragilidades e dores, suas e dos outros, transformando-as depois numa ação política que as sirva. Na sua forma perversa, o poder-para pode ser ligeiro nas regras, acabar por incluir ideias e comportamentos abusivos, podendo resultar no enfraquecimento e divisão do grupo.

Assim, do poder-para espera-se a recusa da vitimização (da exploração dos medos, de fenómenos como o bode expiatório ou cisões xenófobas/nacionalistas), a rejeição da agressão, a adopção de uma atitude orientada para a tarefa e para a relação (meios e objetivos), a rejeição de comportamentos polarizados face aos adversários; a promoção da emancipação dos outros. Já do poder-sobre espera-se polarizações fortes (opiniões e valores face a outros grupos), controlo, dependência, agressividade.

Deste modo, compreendem-se melhor as duas motivações básicas que determinam a vontade política, a vontade do exercício do poder: o poder pelo poder e a afiliação. No poder-sobre, as razões pelas quais o indivíduo procura o poder é pelo poder em si mesmo, que lhe permitirá livrar-se e/ou pôr nos outros todas as suas vulnerabilidades. Já no poder-para, o sujeito busca preencher a sua necessidade de pertença, de afiliação, fazendo desta sua vulnerabilidade uma força.

A famosa série *Walking Dead* (2010), de Frank Darabont, na qual um grupo de sobreviventes procura resistir à catástrofe que transformou a humanidade em *zombies*, retrata a fuga permanente a par da necessidade de constituir uma nova comunidade, baseada na solidariedade. Quem escapou tem agora de fugir e atacar mas, simultaneamente, de construir novos laços, uma nova ética, outra solidariedade. Disso depende diretamente a sua sobrevivência num mundo predatório. A ideia de um nós que é necessário resgatar fora da "estufa do bem

PERSONALIDADE E LÍDERES – DE GHANDI A HITLER | 49

estar e do conforto" (Sloterdijk, 2008) é comum a outras séries populares, como *Lost*, e a muitos filmes-catástrofe.

Isto é, *Walking Dead*, curiosamente de um realizador que nasceu num campo de refugiados depois de os pais escaparem à revolução húngara falhada de 1956, retrata também essa oscilação entre um poder-para e um poder--sobre, parecendo refletir uma das grandes inquietações contemporâneas – crise da sociabilidade, dissolução dos vínculos nas sociedades pós-industriais, enfraquecimento do Estado-nação, a depauperação dos recursos púbicos e consequente crise da democracia representativa e do sentimento de identidade/pertença. Ou seja, é como se todas essas séries e filmes-catástrofe procurassem responder, num registo de massas, à pergunta de Rodrigo Silva: "Como se faz um nós, como é que se faz o estar-em--conjunto, como é que se evita a guerra civil, a secessão generalizada e a entre-devoração dos contratantes?" (2011). Como se faz um poder-para?

Com estas diferenças de base no desenvolvimento humano: vinculação segura/ansiosa; posição depressiva/paranoide; poder-sobre/poder-para; necessidade de poder/afiliação e, sobretudo, sem esquecer que a liderança ou a participação num grupo político permite a possibilidade ao sujeito de expressar os seus medos, suspeitas, hostilidades bem como aliviar sentimentos de desamparo e desvalorização (Lavine, 2010), vejamos agora as mais importantes linhas de pesquisa sobre a personalidade e os tipos de liderança.

A liderança, entendida como um processo no qual um indivíduo influencia um grupo para atingir objetivos comuns, é altamente complexa (Northouse, 2013) e as suas múltiplas dimensões não serão aqui abordadas (como, por exemplo os tipos de poder – como o poder do perito – ou as tarefas do líder). Neste pequeno manual de

Psicologia Política interessa, sobretudo, focarmo-nos na personalidade do líder, sendo que a questão transicional que ocorre entre o líder e os seguidores será abordada no capítulo sobre a Psicologia Política dos grupos. Quando dizemos coisas como "nasceu para liderar" ou "é uma líder nata" estamos a falar, evidentemente, da personalidade do líder. Mas, claro, tal não significa que a pessoa nasceu assim, antes que o seu processo de desenvolvimento e socialização a fizeram desse modo.

Hoje sabe-se que os líderes emergentes (por oposição aos líderes nomeados que, simplesmente, são indicados para esse lugar) têm traços de personalidade particulares e determinantes na liderança. Ou seja, a pesquisa mostra que, efetivamente, os líderes distinguem-se dos não-líderes pela sua personalidade.

A investigação nesta área é particularmente extensa e existem várias escalas e questionários que permitem avaliar a personalidade do líder, bem como a capacidade de liderança. Fazendo uma súmula de todas as teorias da personalidade em política, as seguintes dimensões surgem como fundamentais:

1) Determinação/Vontade política

Esta é a dimensão que estabelece a posição do líder que não se limita a seguir "a corrente", tem a sua própria mundivisão, estratégia, preferências e, acima de tudo, vontade. Claro que entre a vontade e a realização dessa vontade existe o contexto e as circunstâncias que determinam a possibilidade de liderar. Ou seja, a determinação é uma condição necessária mas não suficiente. Surpreendentemente, o conceito de determinação/vontade política é um dos temas menos estudados na ciência política. Porém, essa vontade política está profundamente ligada ao sentimento que o indivíduo tem da sua própria capacidade de influenciar as situações. O *locus* de controlo, um conceito amplamente estudado e desenvolvido na Psicologia e que dispõe de medidas quantitativas, pode lançar alguma luz sobre a vontade política, posto que pessoas com *locus* de controlo interno tendem a ser mais pró ativas nas situações, mobilizando os recursos que estão ao seu alcance, mesmo em circunstâncias difíceis. Já as pessoas com *locus* de controlo externo tendem a ser mais passivos e conformistas, atribuindo a responsabilidade aos outros ou à situação. Uma vinculação segura corresponde a um *locus* de controlo interno. Mas uma vinculação evitante também – o indivíduo fica indiferente ao seu meio ambiente, como referido, pois na construção da sua relação com o outro percebeu que as suas reações não têm qualquer impacto. Já a vinculação resistente poderá ser o melhor terreno para o desenvolvimento de um *locus* de controlo externo, posto que o indivíduo se sente impotente para influenciar o meio ambiente.

2) Abertura à experiência

Esta dimensão corresponde à capacidade de percepção, sensibilidade estética, atração intrínseca por novas experiências, curiosidade e imaginação. Está correlacionada com a inteligência (que em si mesma apresenta elevada correlação com a capacidade de liderança), mas é distinta desta. Indivíduos com alta pontuação neste item procuram situações intelectualmente desafiantes, perseguindo informação de todo o tipo. Tornam-se líderes com, habitualmente, um histórico de bons níveis de conhecimento político, interesse em noticiários políticos, participação e discussão políticas. Não raramente, são

52 | O CÉREBRO DA POLÍTICA

pessoas que fazem trabalho voluntário e têm um forte sentimento comunitário. A abertura à experiência predispõe o indivíduo a procurar novos caminhos e sugere pouca vinculação à tradição. Os indivíduos bem colocados nesta dimensão não traçam limites rígidos nem aos seus próprios comportamentos nem aos dos outros. Habitualmente, os conservadores são pouco dados a este traço de personalidade, preferindo a afinidade com o *status quo* e uma atitude mais cautelosa, como vários estudos demonstram. (Mondak, 2010). Aliás, como temos visto e adiante se desenvolverá, um posicionamento político mais de esquerda ou mais de direita não é tanto motivado por diferenças nas perspectivas económicas ou sociológicas mas, sobretudo, estimulado por caraterísticas pessoais como a personalidade e as emoções. Já uma baixa pontuação na abertura à experiência aparece fortemente relacionada com múltiplos aspetos dos preconceitos e da intolerância e é típica das personalidades autoritárias.

A abertura à experiência está estreitamente relacionada com a complexidade cognitiva – a capacidade de diferenciar o ambiente que o sujeito revela quando descreve ou discute outras pessoas, sítios, políticas, ideias, tendo igualmente grande influência na avaliação do risco e no processamento de informação. À medida que a complexidade cognitiva do líder aumenta, este torna-se mais capaz de lidar com contextos complexos de informação e decisão que envolvem subtilezas. Os indivíduos com grande complexidade cognitiva tendem a revelar mais necessidade de informação, são atentos à chegada de novos dados e preferem um processamento mais sistemático do que heurístico, sendo capazes de gerir sobrecargas de informação. Trata-se também de indivíduos que são altamente receptivos a receber *feedback* negativo, tendendo a integrar esse retorno nas suas decisões políticas, bem como opiniões diversas e dados discrepantes. Os indivíduos com menor complexidade cognitiva são mais dogmáticos, ignoram informação que contrarie as suas crenças e julgam os assuntos quase de modo binário.

3) Consciencialização

A esta dimensão correspondem indivíduos fiáveis, organizados, pontuais e cumpridores, perseverantes, industriosos e trabalhadores. A consciencialização está altamente relacionada com o autocontrolo, com a honestidade e, não surpreendentemente, com a *performance* profissional. Indivíduos com elevados níveis de consciencialização são pouco abertos ao risco, valorizam a tradição, a virtude. Esta dimensão apresenta correlação com o conservadorismo político. Em termos de cidadania, os indivíduos com maiores níveis de consciencialização tendem a votar nas eleições, participar nas políticas locais e a manter-se informados. De notar que os indivíduos com altos níveis de consciencialização não podem ser cumpridores em todas as áreas, porque esse rigor comporta um custo de oportunidade. Por exemplo, um trabalhador altamente zeloso pode não ter tanto tempo para a família e ser um pai ou marido menos presente.

4) Extroversão

Trata-se da dimensão que maior consistência e histórico apresenta. Indivíduos com pontuações elevadas na extroversão tendem a apresentar elevados níveis de compromisso organizacional, perfil comercial, autoconfiança. Muitas atividades políticas implicam interação social daí que, embora se trate de um traço altamente significativo,

54 | O CÉREBRO DA POLÍTICA

não surja nenhuma correlação com a ideologia mais de esquerda ou de direita. A extroversão, juntamente com a empatia, são as dimensões que mais determinam a percepção do líder.

5) Empatia

Esta dimensão está associada a características como bondade, generosidade, confiança, cooperação, altruísmo e, claro, profundamente relacionada com a interação social, da qual quase universalmente as pessoas esperam resultados positivos. Existe uma correlação entre a empatia e a confiança política, bem como o sentido de comunidade e tolerância. A empatia está associada à necessidade de poder e à ênfase que o líder coloca no cumprimento da tarefa *versus* contexto. Se todos os líderes procuram e detêm o poder, como já descrito, o poder-para associa-se sobretudo à dominância e controlo, e a processos de discussão/tomada de decisão pouco abertos, provavelmente com maior orientação para a tarefa, enquanto os líderes que procuram o poder por afiliação tendem a adoptar estratégias de colaboração e acomodação, possivelmente com maior enfoque no contexto e nas relações interpessoais.

A empatia é algo particular e está associada ao efeito de contágio das emoções.

A pesquisa mostra que quando os outros estão a sentir qualquer coisa, ativam-se as mesmas regiões neuronais, como se estivéssemos a fazer o mesmo. Este facto foi descoberto pela primeira vez em Itália nos anos 90, ao observar como um macaco, ao ver outro a comer um gelado, ativava as regiões cerebrais como se estivesse ele mesmo a comer um gelado. Mas o mesmo não acontecia se o macaco apenas visse o gelado. Certamente, o leitor já reparou como bocejar é contagioso. Mas uma das mais importantes descobertas da neurociência diz respeito a estes neurónios-espelho que disparam quando alguns animais exibem um determinado comportamento ou quando observam outro (normalmente da mesma espécie) a fazer o mesmo. Ou seja, estes neurónios imitam a reação do outro ser, como se fosse o próprio a desempenhar aquela ação. Estudos recentes mostram a importância destes neurónios na aprendizagem de atividades básicas como andar e falar. Mais recentemente, descobriu-se que os neurónios--espelho são automaticamente ativados quando se "sente a dor dos outros". Ou seja, a empatia é instantânea e estes neurónios fazem com que as emoções sejam contagiosas. Boas emoções, como a empatia, podem ser entendidas a partir deste tipo de células. Mas más emoções, como ansiedade, hesitação e defensividade também.

Curioso é que nos humanos esses neurónios disparam quando se percebe não apenas qual ação está a ser executada, mas também o porquê dessa ação, a sua intenção e contexto. Por exemplo, numa experiência colocaram-se os sujeitos a observar imagens de ações manuais sem qualquer contexto e, noutro momento, a observar as mesmas ações mas já incluindo uma finalidade. Verifica-se que só neste último caso são ativados os neurónios-espelho. Estas pesquisas encerram grande relevância para a política e para o emprego de determinadas emoções ou, por exemplo, em situações políticas particulares como a diplomacia face-a-face, posto que a ativação desses neurónios implica, naturalmente, a observação da expressão não-verbal no outro (Holmes, 2013).

Assim, a capacidade de lidar com o conflito e respectivas estratégias está muito relacionada com a empatia e a abertura à experiência. Trata-se de avaliar o quão aberto é o líder perante as divergências entre membros da sua

56 | O CÉREBRO DA POLÍTICA

equipa ou da equipa consigo. Quanto mais aberto for, mais tenderá a formar uma estratégia competitiva, podendo mesmo encorajar esse conflito de modo a gerar criatividade e pontos de vista alternativos. O risco, todavia, é perder a visão mais alargada. Quanto mais fechado for o líder ao conflito, mais tenderá a formar uma estratégia colegial ou uma estratégia formalista. No primeiro caso, o trabalho de equipa, a responsabilização colectiva e as soluções que englobem diferentes pontos de vista são valorizados. Já na estratégia formalista, o líder esconde-se atrás das regras, colocando a ênfase na hierarquia, na estrutura. Neste caso, a informação chega ao líder preferencialmente através de canais formais e é altamente valorizada a sua componente técnica.

6) Estabilidade emocional

Esta dimensão, tal como a extroversão, tem sido objeto de estudo pelos psicólogos políticos desde há muito. Trata-se de um traço associado à tranquilidade, por oposição à ansiedade, tensão, neuroticismo e impulsividade. A estabilidade emocional é, entre todos estes aspetos da liderança, a que mais está associada à patologia, sendo que baixas pontuações estão associadas a estados ansiógenos e depressivos. Quando combinada com elevados níveis de extroversão e baixos níveis de consciencialização e simpatia está associada a comportamentos de risco. A estabilidade emocional facilita a ação coletiva e social. Através da imagiologia usada na neurociência sabe-se que a extroversão está associada à quantidade de ativação disseminada em determinadas áreas cerebrais perante estímulos positivos e não relacionada com a ativação perante estímulos negativos. Já o neuroticismo, pelo contrário, apresenta ativação perante estímulos negativos e não

PERSONALIDADE E LÍDERES – DE GHANDI A HITLER | 57

perante estímulos positivos. Ou seja, existe uma ligação consistente entre as emoções mais frequentemente reveladas e a personalidade do sujeito. Adiante discutir-se-á melhor a questão das emoções em política.

Note-se como todos estes traços estão profundamente relacionados com a vinculação segura (capacidade de explorar o novo, o diferente e de tolerar a perda), resultando ora mais num poder-sobre (por exemplo, pouca abertura à experiência) ou num poder-para (por exemplo, grande abertura à experiência). Este conjunto de dimensões permite-nos ter um quadro geral, mas importa ainda perceber como a combinação de diferentes níveis destes traços resultam em estilos de liderança diferentes posto que, como dito, nem todos os líderes são igualmente abertos à experiência ou empáticos.

Por exemplo, Margaret Hermann (2002) ([4]) desenvolveu uma técnica de avaliação da personalidade dos líderes baseada na análise de conteúdo de respostas espontâneas em entrevistas, concluindo que a principal diferença entre os estilos de liderança é o grau de orientação para a tarefa *versus* o grau de orientação para o contexto. Como referido, os líderes orientados para a tarefa não são sensíveis ao contexto, têm menos tendência para procurar aconselhamento, assessoria e para estabelecer compromissos, mas grande tendência para desafiar os constrangimentos (que não reconhecem, portanto) e são mais propensos ao risco. Já os líderes orientados para o contexto aceitam melhor os constrangimentos (que reconhecem, claro), tendendo a construir alianças e compromissos e são mais avessos ao risco. Estes líderes

---

([4]) http://socialscience.net/docs/lta.pdf.

aceitam melhor nova informação, mesmo que divergente em relação à previamente adquirida.

Portanto, conjugando a orientação para a tarefa ou para o contexto, a resposta aos constrangimentos (desafio ou conformismo) e a abertura à informação (grande ou pequena), teríamos a seguinte tipologia (Hermann, 2002).

Resposta aos constrangimentos	Abertura à informação	Centrado na tarefa	Centrado na relação
Desafia constrangimentos	Fechado à informação	*Líder expansionista* (foco em manter e expandir poder e influência)	*Líder evangelista* (foco na persuasão dos outros)
Desafia constrangimentos	Aberto à informação	*Líder Desenvolvimental* (foco em manter a flexibilidade e contornar obstáculos)	*Líder Carismático* (foco em envolver os outros no processo e na sua agenda)
Respeita constrangimentos	Fechado à informação	*Diretivo* (foco em prosseguir a sua agenda e em defender normas e regras)	*Consultivo* (foco em assegurar que outros importantes o apoiam ou pelo menos não obstam)
Respeita constrangimentos	Aberto à informação	*Reativo* (foco em avaliar o que é possível e o que os outros permitem)	*Acomodativo* (foco na reconciliação das diferenças e na construção de consensos, partilhando o poder).

Se a personalidade é um padrão de afectos, comportamentos, cognições e motivações coerente ao longo do tempo e espaço, uma emoção representa a integração de um sentimento, percepção e cognição num determinado tempo e espaço. Uma boa analogia é considerar que a personalidade está para o clima assim como a emoção está para o tempo. Ou seja, o que se espera é personalidade e o que se observa é a emoção, existindo uma ligação consistente entre as emoções mais frequentemente reveladas (ainda que não as únicas) e a personalidade do sujeito.

Adiante se discutirá com mais pormenor a importância crucial das emoções em política. Para já, o leitor dê o benefício da dúvida: as emoções são o que determina, em larga medida, todas as decisões da nossa vida e, claro, da vida política. Logo, personalidades que fazem uma "má gestão" das emoções ou que fazem dos indivíduos maus leitores de emoções são uma má aposta em qualquer candidatura a um lugar político. Não tem aqui cabimento desenvolver o tema da psicopatologia. Não apenas porque ela é residual na população em geral e, consequentemente, também na política, mas também porque não se justifica no âmbito deste livro. O que importa reter é que existem alguns tipos de personalidade "avessas" às emoções e que não são patológicas ou parte do foro da doença mental, mas somente tipos de personalidade. E essas, sim, têm alguma prevalência na população em geral, incluindo na política.

O melhor exemplo desses tipos de personalidade desadequados à atividade política são as personalidades obsessivas. Convém desde já dizer que pessoas com estes traços não estão doentes, trata-se apenas de características, e que obsessivo não representa sintomas como verificar se o gás está fechado dez vezes antes de sair de casa, lavar as mãos 90 vezes por dia ou ter rituais supersticiosos

60 | O CÉREBRO DA POLÍTICA

como só pisar a passadeira nas listras brancas. Esse tipo de comportamentos são os obsessivo-compulsivos, esses sim, eventualmente de cariz patológico. As personalidades obsessivas são habitualmente rígidas, perfeccionistas, com apego às regras, dando grande atenção ao detalhe (por vezes perdendo a visão de conjunto), dedicadas ao trabalho, competitivas, com tendência para tentar controlar e de grande moralidade. Este sentimento de serem morais, "boas pessoas" (e melhores que a maioria) é muito vincado, da mesma forma que a dificuldade em lidar com emoções (do amor ao conflito) é acentuada – o melhor é evitar.

Ora, agentes políticos que até podem ser aquilo que geralmente se considera "grandes estrategas", "estadistas", apresentando-se como trabalhadores, rigorosos, dedicados, podem ser fracos a lidar com as emoções, fracos a ler emoções, o que pode representar grandes dificuldades. Afinal, a política é sempre de proximidade. É sempre sobre emoções. Portanto, trata-se de agentes políticos altamente funcionais com acesso mínimo às emoções. Pelo seu lado competitivo, podem ser atraídos para a política (determinação/vontade), frequentemente pugnam por valores nobres, estão à vontade com as medidas políticas, factos, números e até com as dinâmicas do poder (Westen, 2007). Mas falham no essencial: a ligação ao eleitorado.

O leitor pode agora interrogar-se como é que se estuda a personalidade de um líder político, posto que a probabilidade de se voluntariar para ser avaliado por um psicólogo clínico e para que essa análise seja divulgada é nula. Na verdade, hoje existem outras metodologias, como a análise de conteúdo dos discursos e documentos (que se discutirá mais tarde), mas o método clássico e que representa a mais longa tradição da Psicologia Política e ainda hoje empregue é a psicobiografia ou psicohistória,

PERSONALIDADE E LÍDERES – DE GHANDI A HITLER | 61

que tive oportunidade de desenvolver em *Maníacos de Qualidade* (2010).

Este método analisa as vidas de indivíduos historicamente proeminentes, através da teoria e pesquisa psicológica, distinguindo-se da simples biografia na medida que procura explicar a personalidade, motivação e emoções subjacentes a certas ações e decisões. As psicobiografias são, assim, trabalhos de grande detalhe que varrem a vida do indivíduo, da infância à morte, sublinhando padrões de comportamento. Existem vários problemas com as psicobiografias, nomeadamente os enviesamentos do próprio investigador ou a desconsideração das circunstâncias mas, sobretudo, a já referida questão do acesso, posto que se trabalha sempre "em diferido". Mas este continua a ser um método de pesquisa fundamental.

Em 2004, por exemplo Justin Frank publicou uma psicobiografia intitulada *Bush on the couch: inside the mind of the President* que causou bastante impacto. Outros exemplos de trabalho nesta área são os de Alexander e Juliette George sobre Woodrow Wilson ou o de Doris Kearns Goodwin sobre Lyndon Johnson.

As psicobiografias de políticos assumem, naturalmente, que a personalidade do indivíduo teve uma forte influência nas decisões e acontecimentos, trabalhando em cima de uma teoria como a psicanálise ou as narrativas. De resto, o próprio Freud escreveu várias psicobiografias, nomeadamente sobre Leonardo da Vinci. Antes dele, ninguém tinha entendido que a consciência é apenas uma pequena parte da nossa mente, que a infância tem uma influência decisiva, que o Eu se defende da ansiedade provocada pelo conflito interno com mecanismos como a repressão, a racionalização e a projeção, conceitos em larga medida hoje comprovados pela neurociência e pesquisa cognitiva. Disso se falará no capítulo que se segue.

3

O CÉREBRO POLÍTICO: NEUROCIÊNCIA, EMOÇÕES, CRENÇAS E COGNIÇÃO

Há muito que se sabe que a socialização política é importante mas que está longe de explicar plenamente o comportamento político dos cidadãos. Da mesma forma, já passou muito tempo – cinco décadas – desde que se entendeu que as atitudes políticas dos cidadãos não derivam de princípios ideológicos gerais como "esquerda" ou "direita", que as massas são ingénuas ideologicamente, embora muitos vejam essas abstrações como pré-requisitos para a competência democrática (Lavine, 2010). Por outro lado, desde os anos 70 que também se compreendeu que o interesse próprio não dá uma explicação consistente para o comportamento político. Por exemplo, as pessoas preocupam-se com o que o governo fez pelo país; mais do que se preocupam com o que o governo fez por elas mesmas. Então, afinal, o que faz com que as pessoas prefiram este ou aquele partido, este ou aquele candidato?

Depois dos anos 80, percebeu-se que importância tem para a política a forma como as pessoas apreendem e organizam a informação. Porém, também se descobriu que o pensamento não é racional. Ou seja, que as pessoas usam atalhos, enviesamentos, generalizações e outras "simplificações" para pensar e escolher, para tomarem uma atitude política. Portanto, todos nós somos processadores de informação limitados. Isso não denota que tomemos decisões políticas piores. O que significa é que não somos nem o cidadão comum nem o decisor político de topo, o homem racional que durante muito tempo se quis supor que fossemos. A última vaga de pesquisa em Psicologia Política, nomeadamente através da neurociência, mostra que as emoções desempenham um papel determinante, regulando a quantidade e a qualidade do processamento de informação, provocando as apreensões cognitivas, influenciando as percepções do risco e os processos de tomada de decisão.

GENÉTICA, FISIOLOGIA & NEUROCIÊNCIA

A mais recente vaga de investigação em Psicologia Política centra-se nos estudos genéticos, fisiológicos, hormonais e neurológicos.

Os estudos genéticos utilizam uma combinação de amostras de ADN com informação sobre as famílias, incluindo pesquisas com gémeos (património genético igual) e adoptados (património genético totalmente diferente). Assim, procura-se estabelecer bases de dados que permitam evidenciar variações e mudanças. Diversos estudos têm demonstrado uma influência genética nas atitudes políticas, nas filiações partidárias e no compor-

O CÉREBRO POLÍTICO | 65

tamento eleitoral. Hoje, sabe-se que as atitudes marcadas por níveis elevados de hereditariedade são cognitivamente mais acessíveis, mais resistentes à mudança e mais capazes de influenciar outras atitudes (Kandler *et al.*, 2012). Porém, não há um gene que cause um determinado comportamento social. O que se sabe é que certos fatores genéticos podem predispor os indivíduos a determinados traços que se podem manifestar em situações específicas. Portanto, a conclusão destas linhas de pesquisa é que o comportamento resulta de uma muito complexa interação entre biologia e meio ambiente. Os estímulos sociais, mediados pelas nossas capacidades emocionais e cognitivas, ativam, transformam e por vezes até aniquilam as nossas capacidades genéticas e biológicas (Hatemi & McDermott, 2012). Por exemplo, crianças com uma versão particular de um receptor da dopamina ([5]) mostram problemas de comportamento diferentes dependendo da qualidade da parentalidade. Quando essas crianças têm pais incompetentes, manifestam mais problemas comportamentais do que as outras crianças. Mas quando as crianças com essa variação genética têm uma parentalidade adequada e recebem suporte social adequado, não manifestam diferença ou até manifestam

---

([5]) A dopamina é um neurotransmissor com vários papéis importantes no cérebro e no corpo, um químico libertado pelas células nervosas para enviar sinais a outras células nervosas. O cérebro tem vários sistemas de dopamina, um dos quais joga um papel fundamental no comportamento por recompensa. Várias drogas, como a cocaína e as anfetaminas, amplificam os efeitos da dopamina. Outros sistemas de dopamina estão envolvidos no controlo motor e na libertação de diferentes hormonas. O receptor de dopamina de que se fala neste caso está codificado num gene particular e relacionado com várias patologias neurológicas e psiquiátricas como a esquizofrenia, doenças bipolares, comportamentos aditivos e disfunções alimentares como a anorexia ou a bulimia.

66 | O CÉREBRO DA POLÍTICA

comportamentos mais adequados do que as crianças sem essa variação genética. Outros estudos ligam a intensidade das respostas fisiológicas às crenças políticas. Por exemplo e como já mencionado, sabe-se que indivíduos de direita, perante imagens ameaçadoras, manifestam respostas do sistema nervoso simpático mais intensas. Contudo, a ligação de determinadas respostas fisiológicas a um comportamento político não significa, de todo, que essas respostas fisiológicas provocaram esse comportamento político. O mesmo se passa com os estudos sobre a influência das hormonas no comportamento político. O que se sabe é que em certas situações, em determinados contextos sociais e perante certos estímulos, as hormonas desempenham um papel importante. Por exemplo, a oxitocina leva a que comece a lactação e a pitocina pode precipitar contrações para o parto. Contudo, noutras circunstâncias, as hormonas mudam como resultado da experiência como quando, por exemplo, a testosterona surge nos homens perante a vitória influenciando, por sua vez, o comportamento dominante que, por sua vez, provoca um efeito psicológico nos outros, neles estimulando determinadas respostas hormonais, e por aí fora, num ciclo recursivo (Hatemi & McDermott, 2012). Para além de que as pessoas mostram reações muito diversas perante a mesma hormona.

Já a neurociência política encontra-se num estádio de desenvolvimento provavelmente mais avançado do que o leitor supõe. Hoje empregam-se técnicas de ressonância magnética para entender, designadamente, que áreas cerebrais são ativadas mediante determinados estímulos políticos. Por exemplo, em 2007, Marco Iacoboni, da Universidade da Califórnia (UCLA), testou 20 sujeitos (10 mulheres e 10 homens), todos votantes não fidelizados. Colocou-lhes uns óculos especiais, através dos quais

O CÉREBRO POLÍTICO | 67

lhes mostrou imagens fixas e imagens em movimentos de vários candidatos (às eleições de 2008) e ainda lhes pediu que os classificassem no clássico "termómetro emocional" numa escala de muito favorável a muito desfavorável (Houghton, 2009). Os resultados foram muito interessantes. Aos homens a quem era mostrada a palavra "Republicano" aparecia a amígdala e a ínsula (ambas áreas associadas à ansiedade) bastante ativadas. Essas zonas cerebrais também apareciam ativadas, ainda que com menor intensidade, quando se mostrava a palavra Democrata a homens e a mulheres. Iacoboni e os seus colegas puderam então chegar a algumas conclusões, como o facto de Hillary Clinton criar tantas cisões dentro do seu partido como fora e que John Edwards ativava áreas com neurónios espelho que são despertados quando as pessoas sentem empatia, como já se explicou.

Também a teoria da socialização e fidelização política ganhou força quando um outro grupo de neurocientistas expôs republicanos e democratas convictos a imagens do líder do seu partido a proferir uma declaração e, a seguir, a contradizer-se; e imagens do líder do partido rival a fazer exatamente o mesmo. As áreas cerebrais que lidam com a contradição e o afeto negativo eram ativadas, removendo sem demoras a incongruência do líder do seu partido. Teremos oportunidade de voltar a estas experiências.

Avançar agora neste campo da neurociência política implica recordar ao leitor alguns aspetos básicos do funcionamento da massa cinzenta. O cérebro é uma espécie de ser arqueológico vivo, já que à medida que foi evoluindo foi acrescentando novas camadas e estruturas para lidar com sentimentos e pensamentos. Entre toda esta complexa rede encontra-se a amígdala, que está envolvida em muitos processos emocionais, desde identificar/reagir a expressões emocionais dos outros, passando

68 | O CÉREBRO DA POLÍTICA

pela associação de conteúdos a acontecimentos, a criar a intensidade da experiência emocional ou a ligar medo a certas experiências (Houghton, 2009).

O cérebro atual tanto é como um canivete suíço (Houghton, 2009), no qual cada componente desempenha uma tarefa específica (especialmente nas áreas mais primitivas, onde se inclui a amígdala e a ínsula), como diferentes funções são partilhadas pelos mesmos componentes ou certas regiões desempenham papéis em vários processos. De fato, quanto mais se aprofunda a neurociência, mais se conclui que todos os atos mentais ocorrem ativando e coordenando diferentes circuitos ao longo do cérebro, dos mais primitivos aos mais sofisticados como os lobos frontais.

A amígdala está envolvida numa série de processos emocionais como identificar e responder às expressões emocionais nos outros, ligar significados emocionais a acontecimentos, criar a intensidade da experiência emocional e ligar sentimentos de medo a certas experiências. A amígdala responde a estímulos mesmo quando a pessoa não tem consciência desses mesmos estímulos (daí, por exemplo, a eficácia das mensagens subliminares, como adiante se verá).

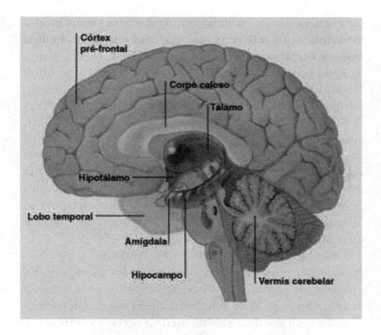

Em cima do cerebelo está o córtex, que constitui cerca de 80% da nossa massa cerebral. Em traços grossos, podemos dizer que quanto mais descermos no cérebro em direção à parte de trás da cabeça, mais o córtex está associado à percepção e sensação. Quanto mais subirmos, em direção à testa, mais o cérebro está a tentar interpretar sinais (Westen, 2007). A área mesmo por trás dos olhos até ao topo da cabeça é o córtex pré-frontal, fundamental em processos de raciocínio. O topo e os lados do córtex são conhecidos como córtex dorso-lateral, região ativa sempre que as pessoas estão a fazer escolhas conscientes, pesando os prós e contras de determinadas ações. Esta é a zona do cérebro a que politicamente se apela quando se enunciam factos e argumentos o que, como se verá, é de eficácia diminuta. Existe ainda o córtex ventromedial com um papel nas emoções, fazendo também a ligação com as escolhas conscientes – a área mais escura assinalada na imagem.

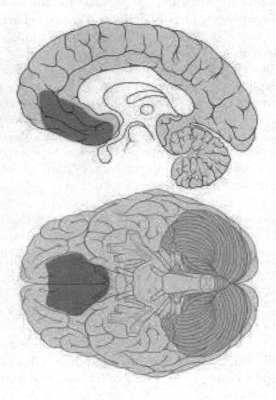

Com estas funções, o córtex ventromedial está associado ao que popularmente se designa por inteligência emocional e ao funcionamento moral, já que estabelece essas ligações entre as reações emocionais e a tomada de decisões.

O CÉREBRO POLÍTICO | 71

De notar que a interpretação das imagens cerebrais não é simples, consensual nem uma panaceia. De facto, a neurociência política oferece uma oportunidade muito interessante para perceber como é que as pessoas respondem à informação política, mas os resultados são muito complexos. O conhecimento sobre o cérebro humano tem evoluído notavelmente, mas é ainda muito incompleto. Quando se percebe, por exemplo, que uma determinada área é ativada muitas vezes ainda é difícil explicar porquê. Ou seja, frequentemente, existe a imagem mas não se percebe exatamente o que se está a passar dentro da caixa negra. Não existe um mapeamento determinístico do cérebro e cada ativação deve ser interpretada exatamente no contexto experimental em que se desenrola. Por exemplo, se o participante da experiência está a olhar para o líder de um partido rival e ativa quer o córtex pré-frontal dorso-lateral quer o córtex cingulado anterior, não fica claro que se está a suprimir emoções negativas porque estas são desagradáveis, a suprimir sentimentos positivos que tem em relação ao líder rival ou a tentar aumentar esses sentimentos negativos. A neurociência tem evidenciado a existência do subconsciente, embora não permita a sua interpretação, como já foi mencionado. Ou seja, através de técnicas como a ressonância magnética podemos constatar que a pessoa está a sentir nojo. Mas não percebemos se está a sentir nojo dela própria, por exemplo.

Depois, há ainda a questão das amostras, já que em neurociência tendem a ser reduzidas, enquanto a variabilidade inter-individual cerebral tende a ser grande.

Importa desde já mencionar o trabalho de António Damásio que advoga a interdependência entre razão e emoção, baseado na sua pesquisa com indivíduos com lesões no córtex pré-frontal ventromedial. O seu livro

O *Erro de Descartes* começa, justamente, com a história de Phineas Gage, um trabalhador na construção dos caminho de ferro que em 1848 sofreu um trágico acidente quando a parte frontal do seu cérebro foi atravessada por um ferro. Para grande surpresa de todos, Gage não apenas sobreviveu como sofreu lesões mínimas nas suas capacidades mentais, relatando o acidente, imediatamente depois, calma e racionalmente. Porém, se essas suas faculdades não ficaram comprometidas, a sua personalidade alterou-se substancialmente. Gage passou a ser rude, impaciente, a debater ideias intensamente – com tanta determinação quanto as deixava depois cair –, a andar de emprego em emprego e a desrespeitar, de um modo geral, as regras e convenções sociais.

A neurociência tem trazido para a Psicologia Política importantes contributos. O mais importante é que a consciência não é instantânea nem precisa. O cérebro não apreende as coisas tal como elas são e precisa de tempo para gerar consciência. Temos a sensação de que experimentamos o mundo em "tempo real" e tal como ele é porque o cérebro engana-nos, faz com que tenhamos essa percepção (Marcus, 2013).

Para exemplificar, por favor atente nos seguintes segmentos de reta:

Facilmente constatará que são exatamente do mesmo comprimento.

Agora, atente na seguinte figura

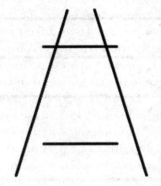

Embora os dois segmentos de reta horizontais continuem a ser exatamente do mesmo comprimento, o de baixo parecer-lhe-á menor. Isto sucede porque o seu sistema visual interpreta a figura com perspectiva, como se as linhas verticais indicassem um horizonte. A ilusão ocorre porque o cérebro ajusta a nossa experiência consciente de forma a ser consistente com uma análise pré-consciente (Marcus, 2013). O mesmo sucede na ilusão Muller-Lyer. Na primeira figura, o seu cérebro percepciona os segmentos de reta como tendo comprimentos diferentes, mas como pode constatar na figura imediatamente abaixo, o comprimento é exatamente o mesmo para os três segmentos.

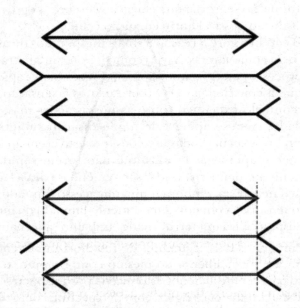

Da mesma forma, se estivermos só a observar o ambiente à nossa volta, a visão periférica permite-nos abarcar um largo ângulo. Contudo, se estivermos a ler, o cérebro "bloqueia" essa visão periférica e reduz-se aos limites da página. Isto acontece porque ler é uma atividade complexa e o cérebro então remove informação inútil.

Sabe-se ainda que o cérebro sabe muito mais do que a consciência. Ou seja, aquilo que sabemos é uma pequena parte do que o cérebro sabe. Ou seja, existe uma grande diferença entre a capacidade cerebral de processar informação e a capacidade de tornar essa informação disponível na consciência. Além do mais, se na consciência o mundo externo aparece como uma representação fidedigna, as percepções pré-conscientes são como afectos e emoções. Portanto, o processamento afetivo examina a informação sensorial que chega ao cérebro. Logo, não há distinção possível entre cognição e afeto. O cérebro gere a reação a sinais inesperados de alarme, bem como tarefas diárias como ler ou andar através de processos afetivos que são cinco vezes mais rápidos do que a consciência. O cérebro dá-nos a sensação de um controlo executivo sobre as nossas ações mas, na verdade, trata-se apenas de uma sensação subjetiva. O cérebro executa todas as ações que estiverem ao seu alcance e apenas as tarefas que não forem rápida e convenientemente realizadas são remetidas para a lenta consciência. Esta, embora tenha um acesso limitado ao fluxo sensorial, com um entendimento limitado do mundo, disponibiliza um território de "trabalho" alternativo, onde as coisas podem ser representadas, comunicadas e encontrarem resposta.

Um bom exemplo do papel não essencial da consciência na maioria das nossas ações é o que se designa por visão cega. Trata-se da capacidade de pessoas que, tendo lesões corticais, respondem a estímulos que na verdade não veem. A maior parte dos estudos conduzidos nesta área centra-se em pacientes que são cegos em apenas um lado do seu campo visual. É-lhes pedido que detetem, localizem e discriminem estímulos visuais que são apresentados no lado cego, como se de uma advinha se tratasse, já que, na verdade, não veem esses estímulos. A verdade é que não veem mas acertam. Portanto, a visão cega mostra que o nosso comportamento pode ser guiado por uma informação sensorial da qual não temos qualquer consciência.

Uma simples pesquisa na internet em "ilusões ópticas" permitir-lhe-á aceder a muitos exemplos de como o cérebro pré-constrói o mundo que nós pensamos que estamos objetivamente a percepcionar. Seja como for, para mais um caso clássico, atente nesta figura, conhecida como a taça de Rubin:

A imagem pode ser vista quer como uma taça quer como dois perfis. A ambiguidade é limitada a dois casos – o leitor não verá aqui uma bola de futebol ou um livro. Vê a taça quando se foca no branco e vê os perfis quando se foca no preto. Ou seja, o seu cérebro tem uma teoria prévia para ler a figura. De facto, tem duas teorias prévias que lhe permitem interpretar o que está a ver. Muda a teoria, muda o que está a ver.

Mas este funcionamento cerebral não acontece apenas com a visão. Sucede também com a audição. Por exemplo, o funcionamento do nosso corpo (batimentos cardíacos, fluxo sanguíneo, movimentos respiratórios) gera uma série de ruído, distrações, que, simplesmente, o nosso cérebro bloqueia. De facto, o nosso cérebro tem essa capacidade de eliminar informação irrelevante, o que também implica que, previamente, o nosso cérebro distingue que informação é pertinente e que informação pode ser descartada.

Grande parte das nossas ações são, portanto, hábitos. Mas não apenas andar ou guiar um carro, mas também atividades complexas como gerir situações sociais e políticas. Na verdade, existem dois tipos de conhecimento. O conhecimento familiar, da consciência, a partir do qual nos lembramos das experiências da nossa vida. E o conhecimento habitual que não está disponível para a consciência. Habitual não significa rígido ou mecânico.

Se lhe pedir para me explicar porque é que gosta de certa pessoa ou de determinada coisa, o leitor provavelmente dar-me-á uma explicação coerente. A questão é que essa explicação coerente foi totalmente construída *a posteriori*, isto é, depois da sua percepção pré-consciente e nela baseada. Ou seja, o que a neurociência hoje nos diz é que qualquer tentativa de explicar as ações dos indivíduos em termos de motivos, valores ou outras razões é muito limitada. Em Psicologia Política, estas constatações trazem sérias implicações. Mas não significa que as pessoas sejam incompetentes para descodificar informação – diz antes que a racionalização é apenas uma estratégia útil quando se lida com um conjunto complexo de informações já que, na maior parte do tempo, o pré-consciente é mais rápido e eficiente. Mais, estes processos são justapostos.

Existem três tipos de memória. A memória associativa que armazenas as rotinas que nos permitem andar, guiar um carro ou tocar guitarra e que é pré-consciente. E a memória consciente que armazena e disponibiliza as recordações de nomes, datas, o que comemos ontem. A memória consciente pode ser de longo prazo ou de tra-

78 | O CÉREBRO DA POLÍTICA

balho, sendo apenas esta baseada em semântica e sintaxe. Portanto, grande parte das nossas ações são guiadas pela memória associativa. Sabemos andar ou falar mas não sabemos como o conseguimos fazer.

Portanto, a neurociência permite estabelecer que (Marcus, 2013):

1. Embora experimentemos a consciência como instantânea, ela não é instantânea.

2. Antes do nosso cérebro nos dar a experiência subjetiva da consciência, já desempenhou uma longa lista de tarefas que nos permitem funcionar no mundo.

3. O conhecimento pré-consciente é mais rico do que o consciente.

4. Só uma parcela da nossa memória é consciente e baseada na semântica e sintaxe.

5. A emoção é central para perceber a política e a concepção do homem racional ou ideal limita profundamente esse entendimento.

Quando as situações são familiares, agimos mais rapidamente. Quando as situações não são familiares ficamos mais vulneráveis. Isto tem implicações muito diretas na Psicologia Política e pode contribuir para percebermos melhor porque é que nos identificamos tão rapidamente com o nosso grupo e preterimos os outros (o que se discutirá com mais detalhe no capítulo sobre a psicologia

O CÉREBRO POLÍTICO | 79

dos grupos) ou porque jogamos melhor em casa, nos desportos ou em política. Da mesma maneira, o facto de o cérebro distinguir e selecionar as informações que considera pertinentes joga um papel fundamental para compreender os fenómenos de estereotipização, fundamentais na cena política.

Já a taça de Rubin politicamente remete-nos para um fenómeno que se designa por "reemolduramento" e que tem fortes consequências no campo da opinião pública. Coloque-se uma informação num determinado contexto e as pessoas entendem-na de uma forma. Coloque-se noutro contexto e as pessoas entendem-na de outro modo. Por exemplo, se os dados são colocados no contexto da segurança, as pessoas usam a informação para restringir os direitos dos outros em nome dessa segurança. Já se exatamente os mesmos dados forem enquadrados no contexto da democracia e tolerância, as pessoas usam essa informação para garantir os direitos dos outros (Marcus, 2013). Mude-se a moldura e muda-se o que se vê: um vaso ou dois perfis.

Note-se que, frequentemente, os dados da neurociência e das ilusões de percepção em particular são usados para convencer as pessoas que as suas capacidades de perceber o mundo são limitadas. Isso é verdade só até um certo ponto. Mas também nem sequer é o ponto que importa. O que será mais relevante reter é que o cérebro participa ativamente na construção da realidade e sem essa capacidade não perceberíamos o mundo de todo. Da mesma maneira, o cérebro muda o nosso entendimento das coisas mudando a perspectiva a partir da qual as vê. E ainda bem- isso permite flexibilidade. Se o entendimento fosse rígido não poderíamos, por exemplo, supor alternativas políticas. Ou seja, não poderíamos imaginar e ficaríamos condenados à realidade.

EMOÇÕES

A política é tanto sobre o pensar como é sobre o sentir. Para a filósofa Nussbaum (2013) foi o problema do poder e o enigma das emoções que deu origem à Filosofia. Aliás, como se afirmou, mais do que uma distinção espacial entre emoção e razão, o que se verifica é uma diferença temporal: as emoções chegam primeiro (Marcus, 2013). Muitos fenómenos políticos envolvem emoções e sentimentos, mais do que apenas o simples processamento de informação que se abordará em pontos posteriores. De facto, todos os conceitos políticos estão carregados de emoções (Houghton, 2009) e os estímulos políticos frequentemente provocam respostas emocionais fortes como gostar, desgostar, alegria, raiva, tristeza, culpa, ansiedade, medo. É quase impossível olhar para imagens do 25 de Abril sem sentir nada, atentar num retrato de Salazar sem qualquer emoção, focar uma imagem do desastre de avião de Sá Carneiro sem que surja um afeto. Do mesmo modo, perante os discursos de Mário Soares, uns reagem com admiração, outros com zanga.

De facto, pode mesmo concluir-se que, mais do que uma fria avaliação cognitiva dos agentes políticos, é a reação emocional aos mesmos que mais determina a sua relação com os cidadãos. Como nota Cottam (2010), a emoção está mais associada ao comportamento do que a componente cognitiva e não se pode compreender uma série de comportamentos políticos, da violência de massas ao genocídio, sem perceber o papel das emoções. Por outro lado, é um erro supor que apenas as sociedades totalitaristas são intensamente emocionais. Todas as sociedades precisam de pensar sobre a sua cultura política e nos seus valores particularmente em tempos de stress. Todas

O CÉREBRO POLÍTICO | 81

as sociedades pensam em compaixão pela perda, raiva contra a injustiça. Uma das razões pelas quais Lincoln, Luther King e Gandhi foram grandes líderes políticos foi porque entenderam a necessidade de inspirar fortes emoções (Nussbaum, 2013). De esclarecer, desde já, que as emoções não vêm do coração e os pensamentos da cabeça. Nem literal nem metaforicamente. Na verdade, não há nenhuma oposição entre razão e emoção, nem a primeira deve ser procurada e a segunda evitada, por mais que tal noção esteja profundamente enraizada na nossa cultura ocidental, pelo menos desde Epicuro, os estoicos e Platão com a sua famosa alegoria da caverna. Por outro lado, convém relembrar que os organismos sobreviveram milhões e milhões de anos sem consciência e sem aquilo a que alguns chamam "razão", aprendendo a evitar ameaças ou a procurar recompensas. Com a evolução veio a capacidade de pensar, raciocinar, mas também níveis e redes mais complexas de emoções com influência profunda mas não consciente.

Em 1910, Roosevelt afirmou que aquele que lida com os homens deve saber o mínimo de biologia, especialmente da obra de Darwin. De facto, se temos emoções é porque elas mostraram, de um ponto de vista darwiniano, serem úteis para a evolução da espécie e servir uma função adaptativa (Westen, 2007). O amor é provavelmente o exemplo que melhor ilustra esta afirmação, já que tantas vezes garante a continuidade e preservação da espécie. Mas Darwin foi mais longe, explicando que a função das emoções era sinalizar a resposta que o indivíduo está preparado para dar, seja fugir ou cuidar, através de uma série de comportamentos não verbais, posturais e faciais. Claro que um cão mostrar os dentes ou abanar a cauda revela as suas emoções e predisposição para a ação. De facto, muitos destes sinais são semelhantes entre espé-

82 | O CÉREBRO DA POLÍTICA

cies, sugerindo uma evolução comum (cerrar os dentes é tão humano como vulgar em muitas outras espécies e as principais expressões faciais para indicar alegria ou ódio são as mesmas em culturas humanas absolutamente diversas). Da mesma forma se compreende porque é que os humanos procuram o poder. Em muitas outras espécies, o estatuto e o prestígio dão uma sensação de prazer, da mesma forma que convoca uma raiva quando o seu estatuto é desafiado e depressão quando se é inferiorizado.

O autor da *Origem das Espécies* defendia também que esses sinais permitam a regulação do comportamento social e, claro, aumentavam as possibilidades de sobrevivência. O seu livro *A Expressão das Emoções no Homem e no Animal* foi pioneiro na área da etologia, mas de facto é espantoso como o conhecimento que daí deriva é uma aparato conceptual eficiente para estudar a comunicação não verbal humana, nomeadamente no comportamento no espaço (ou territorial), no olhar, para-linguagem, gesticulação, toque (auto ou hetero) e adorno do corpo através de roupas, joias, etc., preconizando importantes distinções de género, profissão e estatuto.

Para melhor entender a importância da comunicação não verbal e a sinalização que esta faz dos comportamentos que estamos prontos a revelar, atente-se no trabalho dos psicólogos Nalini Ambady e Robert Rosenthal (1992) que conduziram uma experiência que designaram por "finas fatias de comportamento". Nela, pediam aos participantes para observarem vídeos de 30 segundos de professores universitários no início do semestre, classificando-os com adjetivos como ativo, competente, confiante. As imagens não tinham som e os investigadores pretendiam saber se estas avaliações precoces e rápidas seriam bons preditores das avaliações que os estudantes fariam no final do semestre.

O CÉREBRO POLÍTICO | 83

Os resultados foram extraordinários: os participantes previam essas avaliações com grande acuidade, isto é, os professores que eram avaliados positivamente em 30 segundos com base apenas no seu comportamento não verbal eram, meses depois, mais bem classificados pelos alunos. Os participantes conseguiam mesmo prever o sucesso de um professor com base em vídeos de dois segundos, apesar do seu acerto baixar com tão pouca informação.

Numa outra investigação (Westen, 2007), pediu-se aos participantes para observarem vídeos com detidos, tentando distinguir os que eram psicopatas (criminosos sem remorsos) dos outros. Neste caso, os participantes não só acertavam como até obtinham melhores resultados nos vídeos de 5 segundos do que nos de 30. Outra pesquisa pedia aos indivíduos que vissem fotografias de senadores e congressistas (vencedores e perdedores) que não conhecessem, tentando perceber quais pareciam mais competentes. Nesta dimensão, os participantes acertavam 70% das vezes. E só dispunham de um segundo. Uma outra investigação permitiu prever vencedores e perdedores a partir de "finas fatias de comportamento" de 10 segundos sem som com governadores norte-americanos de 1988 a 2002. As previsões dos participantes sobre quem iria ganhar acertavam 3 vezes mais do que preditores como a condição económica do estado. Tinha razão António Guterres quando dizia que não há segunda oportunidade para uma primeira impressão. Pelo menos para a competência já que, para outras dimensões testadas nessa experiência – como por exemplo confiabilidade – a acuidade dos participantes não permitia qualquer previsão.

Seja como for, estas pesquisas revelam como estas qualidades que um ator político passa para os eleitores são determinantes e que o comportamento eleitoral não pode apenas ser explicado com base em fidelidades partidárias. Este tipo de carisma não verbal é mesmo o segundo melhor preditor do desempenho eleitoral de um candidato, logo a seguir à fidelidade partidária, e pode/deve ser avaliado.

São também as emoções que frequentemente estão na base das motivações humanas. Aliás, não será por acaso que emoção e motivação partilham a mesma raiz latina, *movere*, que significa mover. Ou também não é por acaso, por exemplo, que consideramos as coisas macias, quentes e de cabeça grande como ternurentas. É uma programação da espécie.

De facto, a genética desempenha aqui um papel fundamental. Como diz Westen (2007), dois irmãos valem oito primos. Se o leitor for colocado numa situação em que tem de escolher entre salvar um irmão/irmã ou um primo, muito provavelmente optará pelo primeiro, com quem partilha metade do seu património genético. Enquanto que com o segundo partilha somente um oitavo. Efetivamente, a única coisa que interessa aos genes é assegurar a sua reprodução (largamente através do fenótipo – aparência física e comportamento), daí o título que o biólogo Richard Dawkins deu ao gene: egoísta.

O leitor poderá acrescentar que prefere salvar o irmão porque tem mais afinidades e vinculação afetiva com ele. Claro que sim. Mas se tem essa maior proximidade foi também porque ela era vantajosa para a espécie humana do ponto de vista evolutivo. Já falámos sobre a importância das competências parentais para o desenvolvimento do frágil recém-nascido e, efetivamente, os humanos que protegiam os seus parentes mais próximos também sobreviveram mais, tornando o seu património genético mais prevalecente. É esse o princípio básico da seleção das espécies – ela resulta na acumulação gradual de características que melhoram o encaixe funcional entre o organismo e o seu ambiente (Sidanius & Kurban, 2003).

Chegados aqui, talvez seja a altura de voltar a sublinhar que se a oposição razão/emoção não tem fundamentação, a distinção entre genética e sociedade (o que tem mais influência no indivíduo, a biologia ou a educação?) não faz hoje qualquer sentido. Qualquer traço de qualquer organismo pode ser modificado por alterações genéticas ou mudanças no seu ambiente. O nosso estilo de vida altera os nossos genes tanto quanto os nossos genes condicionam o nosso estilo de vida. Todo o comportamento é simultaneamente natural e aprendido, biológico e cultural. O pensamento evolutivo não tem nada de determinismo genético.

E porque é que os humanos fazem política e os cães não? Na escala evolutiva, praticamente só a partir dos primatas para cima é que se encontra a possibilidade de constituir alianças e coligações para alcançar determinado objetivo. Pensa-se que isto seja assim por várias ordens de razões: porque tais movimentos supõem a estabilidade grupal, uma certa variabilidade nas competências dos membros do grupo e uma capacidade de processamento de informação avançada. Os chimpanzés, os babuínos e os humanos fazem política porque podem.

Veja-se o exemplo de uma investigação recente que teve grande eco na comunicação social: os macacos fazem greve. O famoso primatólogo Frans de Waal comprovou que se um macaco capuchinho receber uma recompensa menor do que outro que desempenhou a mesma tarefa, fica revoltado e não colabora mais. Conclusão: estes macacos entendem perfeitamente quando são tratados de forma injusta e podem revoltar-se contra a desigualdade de uma maneira comparável às greves dos humanos.

86 | O CÉREBRO DA POLÍTICA

A experiência conduzida para chegar a esta ilação foi a seguinte: Frans de Waal e os seus colegas ensinaram um grupo de macacos capuchinho a desempenhar tarefas simples – recolher pedras e colocá-las na mão de um dos investigadores. Como recompensa, davam-lhes um pepino. Os resultados estavam a ser muito satisfatórios. Os macacos aprendiam, cumpriam e eram recompensados. Se todos os macacos recebessem o mesmo "salário", sem diferenças significativas no tamanho dos pepinos, reinava a paz social e 90% dos capuchinhos cumpriam com as suas obrigações em menos de cinco segundos.

Os problemas começaram quando, de forma indiscriminada, os investigadores decidiram aumentar o "salário" de alguns trabalhadores. Para grande surpresa dos restantes macacos, os capuchinhos afortunados começaram a receber uvas – que para esta espécie têm um valor muitíssimo superior – em vez de pepinos, cada vez que recolhiam uma pedra. A reação dos macacos preteridos foi semelhante à de qualquer humano em situação de injustiça: perderam a motivação, caíram em apatia e começaram a desobedecer aos investigadores. O conflito laboral estalou e os capuchinhos maltratados recusaram-se a continuar a trabalhar.

O leitor poderá perguntar agora porque é que, então, os humanos são capazes de atitudes altruístas para com estranhos. A resposta é simples: em parte porque a seleção natural favorece os animais que praticam o altruísmo recíproco, especialmente quando os benefícios da cooperação excedem os custos. De facto, para os humanos, a comunidade oferece tantas vantagens de proteção mútua, disponibilidade de alimentos, compaixão e justiça que evolutivamente também é altamente proveitosa. Na Índia, os acidentes com elefantes em linha de comboio são muito comuns. Por exemplo, em 2010, duas crias de elefantes ficaram presas nos carris na Bengala Ocidental. O comboio aproximava-se e cinco fêmeas voltaram para trás, rodeando as crias, tentando protegê-las. Os sete elefantes acabaram por morrer. Numa outra pesquisa, F. Waal estudou as interações de Azalea, uma macaca-rhesus com um problema genético semelhante à trissomia 21 (síndrome de Down). E verificou que, sendo esta espécie extremamente rápida a castigar os que quebram as regras, Azalea podia fazer praticamente o que quisesse, como se os outros macacos percebessem que a sua condição a limitava e que nada a mudaria.

Já os humanos são capazes de ter empatia para com estranhos. Por exemplo, numa experiência pediu-se a estudantes que escutassem a história de dificuldades e privações de um outro estudante. Verificou-se não apenas que os participantes sentiam compaixão como esse sentimento está correlacionado com comportamento de ajuda (Nussbaum, 2013). Daí que as pessoas possam mesmo sentir compaixão quando assistem na televisão a tragédias do outro lado do mundo, organizando movimentos internacionais de auxílio. Por outro lado, também entre os animais, a empatia é contagiosa, como outras emoções, e está relacionada com os neurónios espelho, como mencionado.

Contudo, mesmo nos animais existe a noção de culpa, como também demostram várias pesquisa do primatólogo F. Waal. A macaca Azalea não tinha responsabilidade nos seus comportamentos, logo não era castigada pelos outros macacos. Mas os que se comportam mal por sua própria responsabilidade não recebem empatia. Ou seja, empatia e compaixão podem ser bloqueadas quando se considera que a situação difícil em que o indivíduo se encontra é da sua própria responsabilidade. Politicamente, tudo isto significa que esses temas – sobrevivência, reprodução, proteção e conexão aos outros – têm uma profunda essa ressonância emocional básica com o eleitorado, são altamente contagiosos mas podem ser bloqueadas pela noção de culpa. Não há imagem política mais efetiva do que aquela que passa pelo bem estar das nossas crianças, famílias, comunidade e país. Mas a culpa pode bloquear essas emoções. Um bom exemplo, consiste nos efeitos da crise de 2008. O discurso do "vivemos acima das nossas possibilidades" e "vivemos do crédito fácil", isto é, o discurso da culpa facilmente trava a empatia e compaixão que se pudesse sentir pelos desempregados, precários, falidos.

Freud, cujas teorias têm resistido ao tempo e, em vários casos, sido reclamadas pela neurociência, como mencionado, postulava que grande parte do nosso comportamento reflete a ativação de redes de associações de emoções e que, em grande medida, essa ativação não é consciente (Westen, 2007). O facto de ser neurologista certamente não foi de somenos importância nesta conceptualização. Cedo a psicanálise percebeu que o conteúdo da caixa negra são milhões e milhões de associações de pensamentos, memórias, imagens, cheiros, ruídos e sentimentos que desemboca na nossa atitude perante tudo o que encontramos. Daí ter desenvolvido, como uma ferramenta terapêutica de mapeamento da mente, o método da associação livre que, essencialmente, convida o paciente a dizer "tudo o que lhe venha à cabeça".

Curiosamente, os neurocientistas e psicólogos cognitivistas têm, em larga medida, confirmado a existência destas imensas redes de associação cerebrais, mostrando que ativando uma parte da rede, se iluminam outras áreas. Por exemplo, um experimentador aplica um teste de soletração, pedindo aos sujeitos que carreguem num botão assim que reconhecerem que certa palavra está escrita

O CÉREBRO POLÍTICO | 89

corretamente. Contudo, mesmo antes de começar o teste, o experimentador "imprime" nos sujeitos a palavra "cão", incluindo-a numa lista de palavras que devem memorizar. Quando os sujeitos fazem o teste, carregam rapidamente na palavra caniche ou labrador. Pela simples razão de que "imprimir" a palavra cão tinha ativado previamente uma rede de associações que inclui caniche e labrador. Isto é, ainda que a rede não seja conscientemente ativada, os seus conteúdos mais facilmente se tornam conscientes em virtude da associação prévia (Westen, 2007). Da mesma forma, se "imprimir" aos sujeitos o par de palavras herói e rock e, mais tarde, lhes pedir que digam o primeiro detergente que lhes vem à cabeça, é provável que seja super-pop, porque herói e rock são palavra facilmente associáveis a super e pop.

Vejamos outro exemplo de ativação de redes e associações. Os atos falhados, parapráxis ou *lapsus linguae* são erros de linguagem ou ação muito variados que Freud descreveu na sua obra *Psicopatologia da Vida Quotidiana*, entendidos como um compromisso entre o consciente e o reprimido. No caso da fala, são quase inevitáveis. Por cada 1000 palavras que falamos fazemos um a dois erros. Considerando que a média do ritmo de discurso é 150 palavras por minuto, ocorrerá um ato falhado a cada 7 minutos de discurso. Por dia, cada um de nós fará ente 7 a 22 *lapsus linguae*. O interesse de Freud nestes fenómenos corresponde ao seu interesse nas associações e nas várias redes que podem ser ativadas por ligações. Por exemplo, quando queremos dizer uma coisa mas dizemos outra, ou seja quando uma outra rede de associações interfere com a que conscientemente ativámos: um senhor particularmente sério dá de caras com o amante da mulher e diz. "Que bom espancá-lo", quando o que queria dizer era "Que bom encontrá-lo". Ou uma mulher que cultiva

90 | O CÉREBRO DA POLÍTICA

sucessivas e múltiplas relações superficiais, negando essa dificuldade na intimidade mas, simultaneamente sentindo-se profundamente solitária diz: "Não quero aliar-me", quando queria dizer: "Não quero alienar-me". "Espancá-lo" diz respeito a uma rede de associações daquele homem e que estavam ativas "debaixo" da sua consciência. Quando tem que pronunciar a palavra "encontra-lo", "espancá-lo" ficou ativo quer pela associação fonética, quer pelo conteúdo emocional. O mesmo para aliar e alienar.

Os políticos falam, alguns até falam a uma velocidade superior a 150 palavras por minuto. Os atos falhados são inevitáveis. Quando em 2011 Bin Laden foi morto, um conhecido apresentador da Fox e opositor da atual administração disse, em direto: "Obama está morto e eu não me importo", trocando Osama (Bin Laden) por Obama. Em 1988, George Bush (pai) disse: "For seven and a half years, I've worked alongside President Reagan. We've had triumphs. Made some mistakes. We've had some sex... uh...setbacks". Em 2007, num discurso, José Sócrates disse: "Quero deixar-vos também uma palavra de confiança, confiança em vós, nas vossas famílias e a certeza que cada um de vós dará o seu melhor para um país mais justo, para um país mais pobre... perdão, para um país mais solidário, mais próspero, evoluído". Neste caso, Sócrates não corrigiu a palavra "pobre" diretamente, mas corrigindo-a por "solidário, próspero, evoluído", pode presumir-se que talvez quisesse dizer "nobre" ou "forte" e não "pobre". Mas é Cavaco Silva quem tem o recorde de *lapsus linguae* na política nacional. Em 2005, cometeu vários: ainda antes de ser eleito autodesignou-se Presidente da República. Referiu-se às eleições presidenciais como eleições autárquicas e à Assembleia da República como Assembleia Nacional (câmara de deputados do Estado

O CÉREBRO POLÍTICO | 91

Novo). A 10 de Junho de 2008, na celebração do dia de Portugal, de Camões e das comunidades portuguesas, referiu-se à data como "o dia da raça", a designação usada também durante o Estado Novo.

Os investigadores têm gerado atos falhados em laboratório, mas alguns jogos infantis fazem-no com a mesma eficácia, como perguntar "Gema, gema, gema, gema – de que cor é a clara do ovo?". A resposta imediata é amarelo porque a repetição da palavra gema já tinha ativado essa rede. Ou, pergunta-se/responda-se, por exemplo: "De que cor é a neve? Branca. De que cor é o teu frigorífico? Branco. O que é que as vacas bebem? Leite". Obviamente as vacas dão leite e só o bebem quando são pequenas, mas primeiro a associação com a cor branca, depois com o frigorífico (onde geralmente está o leite) e finalmente com vaca (de onde vem o leite), faz com que a rede que é ativada seja a resposta leite (branco, da vaca e do frigorífico) e não com água (que é o que as vacas bebem e, obviamente, a resposta certa).

A descoberta dos atos falhados tem outras implicações para compreender as emoções e os processos cognitivos, como veremos, mas importa desde já realçar que a brincadeira da gema e do leite só funciona, claro, se for tudo muito rápido, isto é existir uma "associação livre" sem interferência maior da consciência.

Mas se as emoções estão, muitas vezes, fora da consciência do sujeito, elas também podem ser moldadas fora dessa mesma consciência. Quando nos tornamos conscientes da emoção podemos ter estado há muito tempo a digeri-la. O caso de Henry Gustav Molaison, falecido em 2008, é paradigmático. Submetido a uma lobotomia para remover dois terços do hipocampo numa tentativa de curar a sua epilepsia, HM (como é conhecido) foi amplamente estudado, com implicações importantes para

92 | O CÉREBRO DA POLÍTICA

a investigação sobre a memória. Um dos aspetos curiosos é que podia não se lembrar de factos ocorridos recentemente mas era capaz de ter uma associação emocional a esse factos. Sentia sem saber porque estava a sentir. Outro exemplo interessante são as mensagens subliminares, descobertas há mais de seis décadas. As mensagens passam, as pessoas não têm consciência de que as viram – tal foi a velocidade – mas a impressão emocional subsiste. Na campanha para a presidência dos Estados Unidos de 2000, Bush passou um anúncio contra Gore que terminava com a expressão "Bureaucrats decide", mas onde o fragmento RATS (de bureaucrats) aparecia em letras grandes numa fração de segundo. A campanha de Bush procurou desvalorizar o assunto mas Westen (2007) e seus colegas fizeram uma experiência onde subliminarmente passavam a palavra RATS antes da foto de uma pessoa. Depois, pediam aos participantes que classificassem essa mesma pessoa e compararam esses resultados com os dos participantes expostos ao mesmo dispositivo experimental mas com a palavra STARS (RATS escrito ao contrário). Os investigadores concluíram que, de facto, a associação subliminar com RATS afectava negativa e significativamente as apreciações das pessoas nas fotos.

Numa interessante experiência, outros investigadores emparelharam sílabas sem significado como "yot" ou "tiv" com um pequeno choque eléctrico, procurando estabelecer uma associação inédita (daí sem significado) entre esses conjuntos de letras e a ansiedade. Posteriormente, apresentavam essas mesmas sílabas subliminarmente, misturadas com outros conjuntos de letras sem nexo que não tivessem sido associadas ao choque, verificando que as sílabas associadas despoletavam reações como sudação (indicativo de ansiedade). Ou seja, embora os sujeitos não se apercebessem das sílabas, elas provocavam

O CÉREBRO POLÍTICO | 93

uma resposta emocional (Westen, 2007). Efetivamente, estímulos ameaçadores ativam a amígdala que, como mencionado, é um grupo de neurónios com a função de regular o comportamento sexual, sentimentos e agressividade. Aliás, basta associar um estímulo que ative a amígdala a um outro para que este segundo também seja percepcionado com ameaçador – por exemplo, basta mostrar uma cara enraivecida antes da imagem de uma outra pessoa para que também se atribuam qualidades negativas a essa pessoa.

Assim, facilmente se compreende que as emoções sejam um componente essencial nos processos de tomada de decisão, e de boas tomadas de decisão. Existem pesquisas que indicam que suprimir as emoções compromete a memória (Cottam, 2010), afetando igualmente o processo de tomada de decisão. Através do seu trabalho, António Damásio, concluiu que os indivíduos que têm lesões no córtex pré-frontal (que controla as emoções), frequentemente tomam más decisões, mesmo que mantenham intactas extensas áreas das suas capacidades intelectuais. A emoção medo, por exemplo, se retirada da equação, pode, naturalmente, levar a decisões desastrosas que ponham em risco a integridade psicológica e física do próprio e dos que o rodeiam. Ou seja, as emoções são essenciais à racionalidade e não rivais. Para Leonardo da Vinci, todo o nosso conhecimento se inicia com sentimentos. E se isso é verdade ontologicamente – já vimos a importância das emoções no bebé – é igualmente pertinente considerando o cérebro adulto.

A emoção afecta também o processamento de informação, sendo que a emoção forma uma disposição para as nossas respostas a situações familiares e normais, de modo consciente, enquanto que em situações novas ou potencialmente ameaçadoras, joga um papel de vigilância, alertando-nos, já na fronteira da consciência. A pesquisa demonstra também que as emoções positivas aumentam a capacidade do sujeito de formar associações e conexões entre diferentes aspectos cognitivos, estando igualmente associadas a um melhor processamento de informação. Porém, e ao contrário do que diz o mito, as emoções negativas são essenciais em política. Diz Cottam (2010) que, em tempos eleitorais, duas emoções são fundamentais para as escolhas políticas: a ansiedade e o entusiasmo. Em estados de ansiedade, os cidadãos ativam a sua consciência política, prestando maior atenção. Em estados de entusiasmo, as pessoas ficam emocionalmente ativadas e envolvem-se mais (Marcus & Mackuen, 2004). Portanto, o entusiasmo influencia a decisão em quem votar e a ansiedade aumenta a necessidade de procura de informação relativa ao candidato. Quando os níveis de ansiedade são baixos, as pessoas seguem os hábitos eleitorais anteriores. Um candidato pode vencer eleições porque desperta quer ansiedade quer entusiasmo, pode ganhar só pelo entusiasmo ou só pela ansiedade. Mas dificilmente chega a algum lado se não estimular nem uma nem outra emoção. De ressalvar que os votantes ansiosos mais dificilmente votam apenas de acordo com a sua socialização política.

Estes aspectos da ansiedade e do entusiasmo compreendem-se melhor através da teoria da inteligência afetiva (Marcus, 2013) e do que já foi referido sobre a formação do eu político bem como do desenvolvimento da personalidade. Essa teoria baseia-se na evidência da neurociência de que as emoções positivas e negativas ativam sistemas cerebrais independentes. A emoção é mediada por um sistema que regula a procura de recompensa, a ansiedade é mediada por um sistema de vigilância cerebral que se foca em dar máxima atenção ao ambiente em caso de alerta. Há pesquisa que mostra que os efeitos políticos da ansiedade descritos realmente se verificam – por exemplo, mostrando anúncios sem essa componente e anúncios apelando ao medo, constata-se que estes últimos realmente cativam mais intensamente a atenção e são mais persuasivos (Lavine, 2010). Portanto, esta teoria da inteligência afetiva, reconhecendo que é sobretudo o não consciente que comanda a ação, com a memória associativa, foca-se nas reações dos sujeitos em situações novas e identifica três dimensões do entendimento afectivo: ansiedade (quanto da novidade é evidente), entusiasmo (quando os eleitores concordam com o ator político) e aversão (quanto discordam do ator político). Ou seja, a ansiedade está associada à incerteza face à ameaça. Já o medo está associado à certeza (negativa) relativa à ameaça.

A ansiedade dá-se quando não podemos apreender a situação através do que já sabemos. Ativa-se um sistema de alerta que inibe a ação e nos foca na fonte da novidade (por exemplo, um som estranho). Mais ainda. O sistema de alerta obriga a consciência a entrar em cena. É ele que fica então responsável por recolher informação, considerar alternativas e confiar em escolhas deliberativas conscientes. Ou seja, em política isto significa que em circunstâncias normais as pessoas têm um pensamento/comportamento heurístico, confiando no que já sabem para guiar as suas escolhas. Já em situações novas, e sob um estado de ansiedade, os cidadãos tenderão a conscientemente procurar mais informação, estudar, aprender e deliberar (Marcus, 2013).

Portanto, provocar um estado de ansiedade na opinião pública pode ser importante do ponto de vista emocional e cognitivo, na medida em que essa emoção alavanca a atenção e a procura ativa de informação. Não obstante a sua eficácia, a utilização de emoções negativas

96 | O CÉREBRO DA POLÍTICA

em comunicação política e campanhas eleitorais levanta vários pruridos éticos. Durante muito tempo, politólogos e políticos acreditaram que essa utilização não apenas era moralmente errada como afastava os eleitores das urnas, diminuía a qualidade da política e que, ainda por cima, provocava o efeito contrário. Porém, hoje sabe-se que as emoções negativas aumentam a participação, são eficientes e eticamente necessárias (Kiss & Hobolt, 2012; Utych, 2012, Valentino, 2011). Como explicam Marcus & Mackuen (2004), isto tem consequências diretas nas campanhas políticas. O debate popular contemporâneo condena universalmente as "campanhas agressivas". Mas a verdade é que as campanhas estritamente positivas pouco estimulam a deliberação consciente. Podem ser mobilizadoras, mas é como se retirassem o peso da escolha do cidadão. Campanhas que infundem preocupação (ansiedade) sobre certos temas motivam muito mais as pessoas a prestarem atenção e a arregimentarem as suas capacidades para fazerem escolhas mais racionais.

O medo é uma emoção muito útil, na medida em que nos faz evitar o perigo. E também é uma emoção muito primitiva, encontrada em todos os mamíferos, mesmo naqueles que não possuem os pré-requisitos cognitivos para a empatia, culpa, raiva e dor/perda, no qual a amígdala desempenha um papel essencial. Por exemplo, os trabalhos do neurocientista Joseph LeDoux mostram como o medo está profundamente enraizado evolutivamente: as pessoas mostram reações de medo perante a forma de uma cobra, mesmo que nunca tenham tido qualquer experiência prévia com cobras verdadeiras.

Então porquê os pruridos em utilizar emoções negativas? Comecemos pela interrogação ética/moral. Se os ataques gratuitos, mentirosos, *ad hominem* são evidentemente condenáveis e podem ser contraproducentes,

O CÉREBRO POLÍTICO | 97

colocam-se desde logo outras duas questões que merecem reflexão – a necessidade de dizer a verdade (mesmo que seja negativa) – essa sim, uma questão ética em política; e a necessidade de responder a esses ataques injustos ou enganosos.

Mensagens negativas não são mensagens baixas. As implicações políticas dos estudos sobre as emoções são profundas: a escolha de palavras, o tom de voz, os gestos, as imagens e som associadas a um candidato político podem ser determinantes para o sucesso eleitoral. Negligenciar as emoções associadas a um determinado candidato (mais ou menos conscientes) é um erro político crasso. Logo, essencial é não permitir que a força política adversária domine as emoções que ativam determinadas redes associativas, através da linguagem, das imagens e dos valores expressos.

Desde logo, torna-se inevitável empregar emoções negativas se o opositor tem, efetivamente, um aspeto negativo com o qual os eleitores devem realmente preocupar-se. Sublinhá-lo, estimulando ansiedade ou mesmo aversão, é necessário na exata medida em que o oposto – como ignorá-lo – será uma opção, essa sim, pouco ética. Aliás, sabe-se que são os factos associados a essas emoções negativas que mais perduram na memória. Embora intuitivamente qualquer um de nós o possa perceber (basta tentar refletir sobre o que mais nos recordamos das campanhas anteriores e facilmente se percebe que se guardam desde logo os aspetos negativos como escândalos, grandes falhas e acusações), a investigação hoje demonstra que, efetivamente, esses são os dados que ficam armazenados.

Por outro lado, coloca-se a questão da sua inevitabilidade. Isto é, mesmo que se opte por não apelar a estados de ansiedade é possível e até provável que as outras forças políticas o façam, o que obriga a saber gerir e responder

98 | O CÉREBRO DA POLÍTICA

a essa ansiedade. Um ataque não pode ficar sem resposta. Ou seja, um ator político que seja alvo de uma ofensiva, não pode permanecer passivo. Afinal, a única forma de não permitir que sejam criadas redes negativas de associações sobre uma força política ou um candidato é responder. Mas a eficácia depende da qualidade da resposta – ela não deve ficar centrada no fato do outro atacar ou presa em sentimentos de tristeza (vitimização), em simples alegações de que o outro mente ou ainda na argumentação estrita sobre essas acusações porque, em todas essas respostas se mantêm as acusações originais como o centro do debate.

Procurar apaziguar o opositor, reconciliar-se ou retrair-se nunca funciona. Não funciona entre primatas, não resulta entre pessoas e não resulta na política. São milhares de anos de evolução que fazem com que essa resposta seja interpretada como submissão e defensividade. É sempre e necessariamente vista como um sinal de fraqueza e apenas faz com que o opositor suba a parada.

A resposta é necessária e a única resposta capaz é a que mostra que as acusações, mentiras e desonestidade do outro fazem parte do seu caráter, correspondem a um padrão de pensamento e comportamento consistente do qual os eleitores poderão mais tarde esperar manifestações no exercício do poder (Westen, 2007).

Coloca-se também a questão de como responder ao medo, raiva e ódio que podem ser precipitados pelo adversário relativamente a certos temas. Por exemplo, centenas de experiências em dezenas de países diferentes mostram que lembrar as pessoas da sua mortalidade ativando redes de medo e morte faz com que o seu cérebro funcione politicamente mais à direita ativando valores tradicionais, tornando-se menos tolerantes relativamente a quem difere religiosa, nacional ou moralmente (Westen,

2007). Na política europeia, o recurso a esta forma de fazer política é menos comum do que, por exemplo, nos EUA. Ainda assim, o terror tem surgido de formas mais matizadas como "se não pedíssemos ajuda externa não poderíamos pagar os salários da função pública" ou "a adopção por casais homossexuais prejudica as crianças".

Perante estes medos, a resposta clássica da esquerda tem sido argumentar com base em dados e factos – por exemplo, citando estudos que mostram que as famílias homossexuais são tão competentes quanto as outras. Mas a estes ataques não se responde com racionalização. Responde-se com emoção. Martin Luther King não respondeu ao racismo dizendo que a pesquisa não mostra qualquer inferioridade intelectual ou moral dos afro-americanos. Dizia antes que os seus filhos não seriam julgados pela cor da sua pele mas pelo seu carácter. Aliás, a pesquisa mostra, como já se constatou, que a racionalização sobre um argumento só pode ser realizada depois de uma ativação emocional (Westen, 2007).

Por outro lado, uma das melhores formas de responder às emoções negativas é responder criando uma contra-narrativa. Se, por exemplo, a direita ataca dizendo que a esquerda não quer honrar os seus compromissos, é por isso irresponsável atirando o país para o abismo e não patriótica, a esquerda deve responder aos valores que a direita engloba nessa narrativa – neste caso, responsabilidade, honra, compromisso, patriotismo. Afinal, criar uma contra-narrativa ativa os mesmos sistemas emocionais mas liga-os a outras redes (Westen, 2007).

Em nenhuma situação se pode permitir que o adversário político controle as emoções. Mas também não se pode consentir que molde o que é moralidade, ética, carácter. Por exemplo, relativamente aos homossexuais, a esquerda tem permitido que a direita determine o que é moral, correto e avisado. Por um lado, a esquerda não responde a essas narrativas revelando o que elas realmente são: discriminatórias. A esquerda devia começar por aí: declarando frontalmente que dizer que, por exemplo, os homossexuais não são tão bons pais ou mães do que os heterossexuais é preconceituoso, uma forma de intolerância como o racismo. Depois, a esquerda devia fazer a defesa da compaixão e tolerância (o que a direita faz quando apela ao bem-estar das crianças), seja enfatizando exemplos de discriminação no local de trabalho ou na doação de sangue. Fazer política não é assumir certos valores. É pregá-los.

Por fim, é também importante mostrar que os supostos valores que a direita defende são falseados. Isto é, se por exemplo a direita postula que ao impedir a coadoção está a defender os direitos das crianças a esquerda deve mostrar, de modo cristalino, como essas crianças são prejudicadas e lesadas pelo facto de as suas famílias não serem legalmente reconhecidas.

Porém, na integração de uma contra-narrativa é essencial não repetir a linguagem do outro. Essa deve ser absoluta e liminarmente rejeitada na medida em que ativa certas emoções e redes associativas, como já foi explicado. Por exemplo, dizer "a ajuda externa não funciona" é absolutamente errado na medida em que "ajuda externa" enquadra desde logo a intervenção como positiva (ajuda, auxílio, cooperação, solidariedade). O mesmo para o termo "resgate" (que pode ser conotado com libertação). É extraordinário como a esquerda sempre aceitou, nomeadamente, o termo PEC. A ideia de que os cortes em direitos e serviços públicos consistiam num Pacto de Estabilidade e Crescimento remetia, evidentemente, para emoções positivas (estabilidade, equilíbrio, crescimento, desenvolvimento) e a esquerda só podia ter rejeitado esse termo de modo sistemático e sem exceções. O mesmo com o termo austeridade ou programa cautelar que ativam emoções positivas como rigor, precaução, cuidado. É verdade que austeridade se pode associar também a severidade e esforço mas essas são, precisamente, as emoções negativas que a direita pretendia ativar, integrando-as na sua narrativa de castigo, sacrifício e gravidade. Logo, sempre que a esquerda fala em política de austeridade está a entregar pontos ao outro lado. Controlar a linguagem significa controlar as redes associativas e empregar as palavras do adversário é, desde logo, perder uma batalha.

Mas melhor do que responder a ataques é preveni-los. Um ataque não pode ficar sem resposta mas o ideal é nem permitir que chegue a acontecer. E a melhor forma de prevenir os ataques é obrigar o adversário a uma posição defensiva. Desde logo, prevendo a sua posição e procedendo à sua inoculação. Isto é, ainda antes de o opositor apresentar os seus argumentos, deve explicar-se porque é que esses argumentos são fracos ou errados. O opositor terá assim de se justificar, ficando remetido para uma posição defensiva e não atacante.

Relativamente à atual ofensiva da direita na UE e em Portugal, esta foi a questão inicial. Embora a crise de 2008 fosse um território favorável à esquerda, essa ala não conseguiu reagir atempadamente, não chegou primeiro. A derrocada dos mercados financeiros constituía uma oportunidade de ouro para que a esquerda mostrasse, finalmente, o que queria dizer quando falava do "capitalismo de casino", do "capitalismo selvagem", da "ofensiva neoliberal". Mas foi demasiado e penosamente lenta, dando espaço e tempo para que a direita, possivelmente mais bem assessorada, criasse uma estratégia e uma narrativa que inverteu completamente a leitura dos acontecimen-

102 | O CÉREBRO DA POLÍTICA

tos. A culpa passou a ser do cidadão comum que tinha vivido muitos anos à grande. Quando a esquerda acordou e tentou responder, já se encontrava então numa posição defensiva – tendo de explicar porque é que as pessoas se endividaram, porque é que o Estado se endividou. Portanto, o grande foco do debate público nunca chegou a ser sobre os mercados financeiros, a economia especulativa, nunca chegou a ser, realmente, sobre o que interessava à esquerda, manietada e encolhida numa posição submissa, à qual ainda acrescentou vários erros. Primeiro, como dito, empregou sempre a linguagem da direita. Segundo, respondeu sempre de uma forma racional e nunca emocional. Terceiro, nunca criou uma contra-narrativa consistente. Sobre o como e a importância da narrativa se falará melhor quando se abordar o tema dos eleitores e candidatos (capítulo quinto).

CRENÇAS

As crenças ou atitudes são o crivo a partir do qual perspetivamos o mundo e damos sentido à nossa experiência, as lentes com as quais construímos a nossa realidade. Dependem largamente da experiência social, cultural, religiosa, multigeracional (diagnóstico), bem como das expectativas para o futuro de cada um (prognóstico). Trata-se de uma estrutura de convicções fundamentais adaptadas pelo sujeito ao longo do tempo, uma moldura de informação na qual as experiências são processadas, avaliadas e o significado dos acontecimentos de vida é determinado. As crenças são um atalho cerebral para ler o mundo. Por exemplo, a maioria dos cidadãos europeus partilha crenças políticas como "A liberdade de expressão é um direito fundamental" ou "Todos os cidadãos têm o direito a votar".

As crenças são socialmente construídas, evoluindo num processo contínuo através de transações com outros significativos e com um contexto mais vasto, sendo que é a partilha das mesmas crenças (e não apenas o facto de podermos viver experiências similares) que contribui para construir uma comunalidade entre os indivíduos. Assim, os sistemas de crenças incluem valores, convicções, atitudes, que desencadeiam as respostas emocionais, participando dos processos de tomada de decisão e orientando as nossas ações, num processo recíproco, onde as ações (e suas consequências) podem reforçar certas crenças e enfraquecer outras. Deste modo, determinadas crenças podem potenciar a resolução de problemas e o crescimento, enquanto outras podem contribuir para perpetuar problemas e restringir opções. Os indivíduos constroem sistemas de crenças sobre o mundo que, desejavelmente, se manterão abertos e disponíveis para vários pontos de vista e percepções, evoluindo ao longo do ciclo vital, mas possibilitando igualmente um sentimento de coerência e atribuição de significado a novos acontecimentos.

Uma abordagem particularmente fecunda que os psicólogos políticos empregam para estudar as crenças políticas designa-se por análise de código operacional (ACO). Esta análise frequentemente baseia-se no estudo de memórias, discursos públicos, entrevistas, e outros documentos orais/escritos o que obviamente pode constituir uma limitação. Seja como for, trata-se de uma linha de pesquisa que tem sido bastante fértil.

De uma forma geral, as crenças podem ser categorizadas em dois grandes grupos: crenças filosóficas e crenças instrumentais (Houghton, 2009).

104 | O CÉREBRO DA POLÍTICA

As crenças filosóficas podem ser avaliadas através deste conjunto de questões:

1) Qual é a essência da vida política? É o universo político essencialmente constituído de harmonia ou conflito? Qual é a característica principal de um adversário político?

2) Quais são as probabilidades de alguém realizar os seus valores e aspirações políticos fundamentais? Pode-se ser optimista ou deve-se ser pessimista quanto a este aspeto?

3) O futuro político é previsível? De que maneira e em que extensão?

4) Que controlo ou mestria se pode ter sobre o curso da história? Qual é o papel de cada um em mudar e moldar a história na direção que deseja?

5) Qual é o peso da sorte nas relações humanas?

Já as crenças instrumentais podem ser avaliadas através do seguinte conjunto de questões:

1) Qual é a melhor abordagem para selecionar metas e objectivos na ação política?

2) Como se alcançam os objectivos da ação de forma mais eficiente?

3) Como é que se calculam, controlam e aceitam os riscos da ação política?

O CÉREBRO POLÍTICO | 105

4) Qual é o papel e a utilidade dos diferentes meios para alcançar os propósitos políticos?

Se atentarmos na primeira categoria de crenças, e imaginarmos as respostas de Thomas Hobbes e John Locke, teremos que supor respostas muito diversas. Como sublinha Houghton (2009), o primeiro revelaria, com certeza, uma visão muito mais pessimista da natureza humana enquanto que o segundo revelaria uma visão mais optimista e harmónica da vida política. Claro que estas crenças ajudam a compreender, juntamente com o estudo da personalidade, como é que dois atores políticos podem reagir de forma muito díspar perante as mesmas circunstâncias.

Já vimos como a esquerda falha em considerar as emoções na política. Se imaginarmos agora como um típico político de esquerda responderia às crenças filosóficas e instrumentais percebe-se melhor também porque falha mais vezes do que o esperado. Nas primeiras, o agente político de esquerda provavelmente valorizaria os argumentos racionais do adversário e as limitações em realizar valores, prever e alterar o curso da história. Nas instrumentais, enfatizaria também a racionalidade e a moderação.

Um dos estudos mais conhecidos na área do ACO diz respeito à investigação de Stephen Walker que, analisando todos os trabalhos que Henry Kissinger publicou como cientista político antes de se juntar à administração Nixon, pôde concluir que, efetivamente, verificava-se uma notável coincidência entre as crenças que revelara e as ação que veio a desenvolver.

O ACO é também especialmente frutuoso para prever o comportamento dos agentes políticos. Atente-se, por exemplo, nesta análise de Stephen Dyson, através dessa

106 | O CÉREBRO DA POLÍTICA

metodologia, aplicada a Putin em, sublinhe-se, 2001: "O ACO de Putin sugere que ele, de modo camaleónico, imitará o seu meio ambiente. Não se pode esperar que Putin aja de forma normativa se aqueles com quem está envolvido não o fizerem. Putin dificilmente seguirá as regras perante o desvio de um outro (...) Putin pouco provavelmente terá gestos impulsivos, emocionais ou intempestivos (...) contudo Putin será recíproco no "mau" ou no "bom" comportamento, e a quebra na cooperação será possivelmente amarga e duradoura".

Contudo, a previsão do comportamento somente a partir das crenças deve ser revestido de maior cautela já que as atitudes nem sempre têm uma correspondência exata com a ação (Cottam *et al.*, 2010). Mostra-o um velho estudo conduzido nos EUA no qual um investigador caucasiano viajou por esse país fazendo-se acompanhar por um casal chinês, e passando por 66 hotéis e 184 restaurantes. Em nenhuma destas unidades hoteleiras foram rejeitados. Mais tarde, esse mesmo psicólogo político endereçou uma carta a esses estabelecimentos perguntando se aceitariam clientes chineses. Nada mais nada menos do que 92% dos respondentes respondeu que não aceitaria.

Seja como for, a existência deste sistema de crenças obriga-nos a questionar se a ideologia existe. O que se sabe é que, efetivamente, existe uma correlação consistente entre as crenças e a ideologia política que cada um adopta (Feldman, 2003), embora não seja suficiente para afirmar que a ideologia estrutura as crenças. As ideologias são organizadas hierarquicamente. No topo dessa escala estão os princípios gerais e compromissos emocionais – perspetivas do bem e do mal, de como uma sociedade deve ser organizada e o que significa ser bom cidadão (Westen, 2007). Por exemplo, para a direita ser um bom cidadão pode ser não depender do Estado, para a esquerda será contribuir para construir um Estado que possa ser para todos, inclusivamente para aqueles que não podem contribuir. Como se verá com mais detalhe, os princípios no topo da hierarquia centram-se nas noções de mudança, hierarquia e autoridade. Para a direita mais tradição do que progresso, mais hierarquia do que equidade, mais obediência que autonomia. Na escala, só a seguir vêm os valores, disposições emocionais duradouras relativamente a sentimentos morais, como justiça, responsabilidade, religião, guerra. Um nível abaixo encontram-se as atitudes específicas face às propostas políticas concretas (baixar impostos, construir escolas, dar subsídio de férias). O que se passa é que as pessoas tendem a situar-se ideologicamente mais em função das suas crenças do que o contrário. Por vezes podem nem conseguir caracterizar, descrever e explicar uma determinada ideologia mas, quando testadas, de facto a sua ideologia corresponde às suas crenças. Claro que embora este fenómeno seja quase intuitivo, ele coloca problemas aos políticos, designadamente no modo como estabelecem a sua comunicação política, como constroem as bases ideológicas e programáticas dos seus partidos ou selecionam propostas que pensem que poderão agradar ao seu eleitorado. Se a política não pode funcionar sem uma certa estrutura ideológica que permita diferenciação dos demais rivais e que permita a operacionalização de certas políticas, como pode ser feita se a ideologia não é uma boa grelha para entender como as pessoas organizam o seu comportamento político?

A política tem que ser pensada em termos de emoções e valores. Já se falou do papel das emoções. Centremo-nos agora nos valores, uma boa alternativa ao "pensamento racional" em política, como sugere Feldman (2003), que ganha suporte com os estudos em filosofia,

108 | O CÉREBRO DA POLÍTICA

sociologia, antropologia e, claro, Psicologia Política. Os valores são então os critérios que as pessoas usam para selecionar e justificar as suas ações e para avaliar pessoas e acontecimentos. Embora crenças e valores estejam inelutavelmente ligados, a diferença fundamental entre é que estes últimos possuem uma componente ideal. As crenças refletem os que nós pensamos que é verdade, os valores expressam aquilo que nós gostaríamos fosse (Cottam, 2010).

De certa forma, podemos dizer que os valores são os alicerces das crenças, o seu maior suporte e são interiorizados primeiro a partir dos seus pais e família e depois da sociedade. Os valores podem ir desde a eficácia económica até à justiça social, liberdade individual, segurança ou pureza racial. A verdade é que não são tantos assim e podem ser muito mais facilmente operacionalizáveis do que as crenças e atitudes de cada pessoa, que são inúmeras. Segundo dados do Eurobarómetro, por exemplo, entre os princípios mais valorizados pelos europeus encontram-se os direitos humanos (37%), a paz (35%), a democracia (34%). Já a religião surge como significativa apenas por 7% dos inquiridos. Para além disso, os valores habitualmente não surgem isolados, mas organizam-se em sistemas. Neste sentido pode ser muito interessante destacar a concepção se Shalom Schwartz (2010) que categoriza os valores em dez tipos, a saber:

1. Autodeterminação – ação e pensamento independente (criatividade, liberdade, liberdade de escolha, curiosidade, autonomia).

2. Estimulação – variedade, novidade, desafio (vida variada, vida excitante, desafiante).

O CÉREBRO POLÍTICO | 109

3. Hedonismo – prazer, gratificação ("desfrutar da vida").

4. Sucesso – sucesso pessoal através da demonstração de competência (Ambição, êxito, influência).

5. Poder – estatuto social, prestígio, dominância e controlo (autoridade, fortuna, poder social, preservação da imagem pública, reconhecimento social).

6. Segurança – confiança, harmonia, estabilidade social (ordem social, segurança familiar, segurança nacional, reciprocidade, sentimento de pertença, saúde).

7. Conformidade – restrição nas ações, inclinações e impulsos que podem prejudicar os outros e violar as normas ou expectativas sociais (obediência, autodisciplina, educação, respeito pelos mais velhos).

8. Tradição – respeito, compromisso e aceitação dos costumes e ideias que a própria cultura ou religião impõe ao indivíduo (respeito pela tradição, humildade, dedicação, aceitação, moderação).

9. Benevolência – preocupação com o bem-estar do próximo na interação quotidiana (prestabilidade, lealdade, perdão, honestidade, responsabilidade, amizade).

10. Universalismo – compreensão, apreciação, tolerância e proteção do bem estar de todos e a natu-

reza (mente aberta, justiça social, igualdade, paz, beleza, sabedoria, respeito pelo ambiente).

Estes tipos de valores estão relacionados entre si. Uns são mais compatíveis com uns do que com outros e alguns até se complementam. Por exemplo, Benevolência e Universalismo são complementares, enquanto Estimulação e Tradição podem ser antagónicos. A seguinte tabela permite compreender melhor as fronteiras de cada um e como eles se tocam ou distanciam.

De notar que estes 10 conjuntos de valores podem ser reagrupados em dois grandes grupos, correspondendo a atitudes políticas opostas: a esquerda e a direita. Os valores de conformismo, tradição, segurança, poder e sucesso aparecem mais conectados com a ala direita, enquanto

O CÉREBRO POLÍTICO | 111

o hedonismo, autodeterminação, estimulação, universalismo e benevolência com a esquerda. Nesse sentido, as fronteiras estabelecer-se-iam nas dimensões sucesso e benevolência. Os valores e as atitudes políticas estão fortemente correlacionados. Por exemplo, os opositores da interrupção voluntária da gravidez apresentarão valores elevados na tradição, os ativistas anti-racismo revelarão valores fortes no universalismo ou os defensores da segurança policial como prioridade marcarão forte no conjunto segurança. Embora a investigação da Psicologia Política nesta área seja ainda muito lacunar, sabe-se que quanto maior for a socialização e sofisticação política do indivíduo, mais facilmente ele conectará as propostas políticas concretas com os valores que advoga. Claro que nesta matéria também interfere o grau de complexidade das matérias políticas em causa, sendo que em temas simples como questões morais ou valores económicos (por exemplo, adoção por casais homossexuais, salário mínimo) a conexão é mais facilmente estabelecida, ao passo que em temas difíceis mais técnicos e menos familiares (por exemplo, energia nuclear) a conexão é mais complicada, requerendo que os agentes políticos os possam descodificar em termos de emoções/valores para que a opinião pública os consiga ler.

Rokeabach conduziu outro interessante trabalho nesta área dos valores. Considerando os grande sistemas ideológicos do século XX, analisou-os em função de dois conjuntos de valores, a saber, liberdade e igualdade, concluindo que o socialismo apresenta valores altos para ambos, o fascismo valores baixos para ambos, e o comunismo valores baixos de liberdade e altos de igualdade. Curioso é que, aplicando esta base de pesquisa nos EUA, verificou que os cidadãos que preferiam candidatos como

112 | O CÉREBRO DA POLÍTICA

Kennedy tinham como prioridade a igualdade, enquanto que os que preferiam candidatos com Nixon ou Reagan não davam essa importância à igualdade. Ou seja, a igualdade parece ser o valor determinante quando as questões de liberdade não estão em causa, como nas democracias mais avançadas. Ademais, este parece ser um valor mais concreto, posto que liberdade para um socialista pode significar a possibilidade de auto-realização, pressupondo a eliminação de barreiras como o racismo ou a pobreza, e para um capitalista pode significar a livre circulação de bens, sem qualquer restrição governamental. Na Europa, como é óbvio mas igualmente confirmado pela investigação, a igualdade é um valor que surge associado à esquerda.

Assim, sem decretar "a morte da ideologia", a verdade é que é necessária uma distinção clara entre as elites políticas e os cidadãos comuns no que a este aspecto diz respeito (Tileaga, 2013). Efetivamente, apenas uma pequena margem de eleitores (Converse, 2004) vota com essa consciência e cultura ideológica. A esmagadora maioria vota de acordo com as suas emoções e valores até porque estes claramente determinam a forma como pensamos – a nossa cognição.

O leitor sabe que valores perfilha? Talvez dependa da condição em que responda. Numa interessante experiência com canadianos asiáticos, os investigadores descobriram que os participantes respondiam de forma diferente quanto aos seus valores como canadianos (valorizavam mais o universalismo, a emancipação ou a estimulação) e como asiáticos (enfatizavam mais a tradição e o conformismo) (Tileaga, 2013). Estas diferenças, semelhantes ao teste de Rubin, remetem, naturalmente, para a identificação que cada um faz com o país, mas obrigam a uma maior reflexão sobre a forma como defendemos certos valores.

O CÉREBRO POLÍTICO | 113

O que hoje se sabe é que podemos perfilhar valores contraditórios e que somos bastante flexíveis relativamente aos nossos valores, podendo abdicar de um determinado "padrão de moralidade" para adoptar outro. Mas não só. Basta mudar o "rótulo" de asiático para canadiano para alterar a nossa cognição? Vejamos.

COGNIÇÃO

Se as crenças e os valores podem levá-lo a pensar que vemos aquilo que queremos ver e ouvimos aquilo que queremos ouvir, espere pela cognição. Esta tendência à Norbert Wiener, o matemático fundador da cibernética que dizia "não saberei o que disse enquanto não ouvir as respostas ao que disse", é um produto derivado da nossa evolução. Aproximamo-nos ou afastamo-nos de coisas, pessoas ou situações justamente por causa das emoções que elas despertam. Só que esse passo evolutivo que nos permite regular o nosso comportamento também cria auto-ilusões.

Isto acontece através de propriedades muito simples das redes associativas. Geralmente a ativação da rede vai-se espalhando de link em link, ficando cada vez mais fraca à medida que se afasta da fonte original (Westen, 2007). Por exemplo, o cérebro pode ir associando as palavras armas de destruição maciça a armas biológicas e depois a armas nucleares, energia nuclear, central nuclear. Mas não a família nuclear (a não ser que haja sobreposição de redes e se crie um ato falhado, como já se viu). Esta espécie de ativação viral funciona por associações que podem até ser subtis. Se lhe pedir para escolher um pássaro, mais facilmente associará a pardal do que a pinguim, embora, evidentemente, este último também seja um pássaro. Por outro lado, existe um fenómeno complementar à ativação viral que é a inibição viral.

T AE CAT

A maioria dos leitores verá escrito na imagem acima "The cat" e embora as letras "A" sejam ambíguas e possam parecer um "H", dificilmente se lerá *Tae Cat* ou *The Cht* ou *Tae Cht*. Portanto, o cérebro aqui comporta-se com um misto de ativação e inibição. Quando o leitor olhou para a letra do meio de cada palavra o seu cérebro ativou 26 redes de neurónios cuja função é o reconhecimento das letras. Uma dessas redes terá indicado a letra A, outra a letra H. Simultaneamente, outros circuitos processavam cada palavra. E a frase final que lhe chegou foi *The Cat* porque, sendo mais comum, é ativada mais vezes e tende a ser, então, a eleita (Westen, 2007). O seu cérebro também leu o H, só que o inibiu, até porque *Tae* e *Cht* não lhe pareceram palavras. Este exemplo também ilustra bem a complexidade do funcionamento cerebral. Afinal estávamos só a ler a expressão: "The cat".

Da mesma forma, se eu lhe disser "Dá-me o cachorro", o seu cérebro ativará duas redes: cachorro como cão e cachorro como sanduíche (qual das duas dependerá da força associativa que essa palavra tem para o leitor previamente, mas o mais provável será cão). E enquanto eu não acrescentar mais informação, o seu cérebro manterá as duas pistas aberta. Mas se eu acrescentar "Dá-me porque tenho fome", a escolha foi feita e a outra rede será inibida.

Como é que tomamos decisões? Como raciocinamos? Como resolvemos problemas? Como aprendemos? Como percepcionamos? A resposta a estas questões são fundamentais em Psicologia Política. E o denominador comum a todas elas é que as pessoas tendem a ouvir e a ver aquilo que esperam ouvir ou ver, como referido. É por isso que o sistema criminal tem tantos problemas com os depoimentos das testemunhas oculares, por exemplo. Mas também não vale a pena procurar esclarecer estas perguntas através da Inteligência Artificial que, na verdade, de inteligência tem pouco na medida em que a única competência em que uma máquina consegue exceder os humanos é no cálculo, ficando muito abaixo em quase tudo o resto.

Para ilustrar esta superioridade, Houghton (2009) dá um exemplo engraçado. Imagine que pedia a um computador para selecionar homens solteiros que necessitaria de convidar para uma festa onde várias mulheres solteiras já confirmaram a sua presença. O computador podia selecionar homens como o Manuel (que vive com a Ana há 6 anos e têm um filho); o Bruno (de sete anos de idade e a frequentar o 3º ano); o Jorge (homossexual a viver com o namorado há mais de 10 anos); o Ali (já tem três esposas mas procura uma quarta); o padre Antero (da paróquia de Pombal). Isto significa que não há outra forma de estudar a cognição humana senão através dos humanos o que, claro, representa muitas limitações experimentais e de pesquisa.

Seja como for, existem dois aspetos fundamentais na cognição: a categorização e a atribuição, que se complementam.

116 | O CÉREBRO DA POLÍTICA

Na atribuição, os seres humanos comportam-se como cientistas espontâneos ou solucionadores de problemas. As pessoas passam o tempo todo a procurar razões e efeitos das suas ações e das dos outros, umas vezes no plano intrapsíquico, doutras no contextual, colocando muitos porquês e, claro, tentando dar sentido ao mundo. De notar, porém, que fazemos muitos erros nestas atribuições, sendo o "erro fundamental de atribuição" o mais comum e muito revelante em política, semelhante ao "efeito ovelha negra". Esse erro consiste no facto de, quando estamos a tentar justificar ou explicar uma ação que nós mesmos conduzimos, tendemos a sobrestimar o peso da situação e a minimizar o impacto das nossas próprias predisposições. Já quando estamos a avaliar o comportamento alheio tendemos a fazer justamente o oposto, isto é, a subestimar o peso do contexto e a sobrestimar o peso da predisposições de quem agiu. De uma forma simples, é muito fácil que em política o próprio justifique o seu comportamento pelas circunstâncias e o do seu adversário pelo seu carácter. O único antídoto é, claro, o exercício empático, vestir a pele do outro. Há uma pesquisa que ilustra bem este "erro fundamental da atribuição": foi pedido aos participantes para lerem ensaios sobre a Cuba de Fidel e foi-lhes dito ou que o escritor tinha assumido uma posição pró-Fidel ou uma posição anti-Fidel de livre iniciativa ou sob coação. Depois, quando foi pedido aos participantes para explicarem a posição tomada no ensaio, os participantes sempre sobrestimavam as disposições internas do autor e subestimavam o peso da situação (ausência de liberdade de escolha pelo escritor) (Cottam, 2010).

De fato, a investigação sobre processamento de informação indica-nos que os indivíduos procuram viver "um equilíbrio cognitivo", um estado harmonioso no qual as pessoas e situações encaixem. Porém, frequentemente surgem dissonâncias. Imagine que está a tentar deixar de fumar. Mas acende um cigarro e consome-o até ao fim. O leitor tenderá a amenizar essa dissonância de uma das seguintes formas: "Só um cigarro não faz mal"; "Um só cigarro até pode fazer bem e a nicotina é um anti--inflamatório"; "Faz pior uma noite inteira de angústia do que um cigarro", ou pode simplesmente desistir, dizendo a si próprio: "Que se lixe, também não vou prescindir de todos os prazeres na minha vida – mais vale continuar a fumar". Ilustrativa da dissonância foi a seguinte declaração de George Bush: "Eu tenho as minhas próprias opiniões – opiniões fortes – mas nem sempre concordo com elas".

De uma maneira geral, podemos dizer que pensamos com analogias e metáforas. Chamar "lutadores da liberdade" aos esquadrões da morte da Nicarágua é uma metáfora política que pretendia mascarar o ataque a civis. Essa metáfora, em larga medida, contamina todo o discurso político e obnubila a verdade (Westen, 2007). Chamar plano de resgate ao empréstimo da *troika* é uma outra metáfora. Afinal, resgate significa libertação, como mencionado.

Nas analogias (heurística representativa), julga-se uma probabilidade. Um tipo particular de heurística da representação é a "falácia do jogador". Alguém está a jogar na roleta e supõe que, porque já saiu o preto quatro vezes seguidas, a melhor aposta é no vermelho. Ou seja, muitas vezes os indivíduos agem como se a sorte tivesse uma lógica de reposição do equilíbrio. O que faz com que no jogo muitos insistam em colocar mais uma moeda na máquina porque já perderam dezenas de vezes consecutivas. Outro tipo destas cognições consiste em julgar a probabilidade de determinada pessoa se parecer com o estereótipo daquele tipo de pessoa. Este tipo de processamento de informação faz com que se diga "Sad-

118 | O CÉREBRO DA POLÍTICA

dam é outro Hitler". De facto, trata-se de um julgamento de probabilidade. Esta analogia política pode basear-se em traços de carácter dos dois (por exemplo, níveis de paranoia)o), ortacomcom(destabilizaçmento o discurso pol plano de resgate ta enquanto eu n palavra.cogniçciar as emoç pol, tipos de comportamento político de ambos (destabilização da região), ou detalhes físicos (bigode). Assim, com um paralelismo suficientemente forte para ativar uma rede anterior, Bush usou esta analogia porque ela ressoava em toda a comunidade internacional, atingindo assim os seus objetivos (Westen, 2007). Ou seja, uma analogia funciona se o paralelismo é suficientemente consistente e se cumpre as motivações.

No final de 2013, Paulo Portas, certamente preocupado com a sua popularidade e a do seu partido, tentou corresponder aos anseios da maioria dos portugueses, que perspetivam a troika como um cutelo sobre os seus pescoços, com uma analogia política. O vice-primeiro-ministro comparou a saída da *troika* à libertação de Portugal do jugo dos Felipes de Espanha. 2014 seria assim um 1640, o momento em que voltaríamos a ser independentes. Portas terá também escolhido esta comparação porque o dia da restauração tem um eco particular junto do seu eleitorado e das suas preocupações nacionalistas e patrióticas. A analogia não funcionou. E não pegou por duas ordens de razões: primeiro, o paralelismo era fraco: a ocupação dos espanhóis durou 60 anos e só se resolveu com uma guerra (certamente que gostaríamos que a *troika* durasse menos tempo e tudo se resolvesse sem belicismo). Depois, 1640 foi um momento de libertação política, militar e económica. Por outro lado, a analogia nunca poderia servir os objetivos ou motivações de Paulo Portas, porque a opinião pública sabe que o líder do CDS apoiou a *troika* desde o primeiro momento, inclusive embarcando no "ir além da *troika*", o que representava uma marcada dissonância cognitiva. Na verdade, um verdadeiro paradoxo, porque se admitíssemos a sua analogia a conclusão evidente seria que Portas e Passos se comportam como uma espécie de colaboracionistas com os espanhóis. Os paradoxos comunicativos, sendo um dos mais famosos o de Epiménides ("Todos os cretenses mentem. Eu minto."), induzem oscilações infinitas entre dois sentidos opostos. A mensagem e a metamensagem contradizem-se e estão associados à comunicação psicótica.

Seja como for, fica patente que, para as metáforas e analogias políticas funcionarem é ainda necessário que exista uma ressonância emocional junto da opinião pública. Por exemplo, o paralelismo pode ser consistente, servir a motivação de forma coerente, mas não ter eco junto da opinião pública – por ser um acontecimento esquecido, "resolvido" ou que suscita reações emocionais muito distintas na maioria das pessoas. Já foi mencionado como a referência histórica é altamente seletiva e geracional e adiante ver-se-á com maior detalhe como a memória interfere na cognição.

A heurística da disponibilidade consiste em avaliar uma situação a partir das nossas memórias mais acessíveis. Há uma experiência que o demonstra bem: dá-se uma lista de mulheres mais ou menos conhecidas e de homens muito conhecidos (ou o contrário), no mesmo número, e pergunta-se ao sujeito qual das listas tinha mais nomes. A resposta aponta para a lista que tinha mais pessoas conhecidas. Este enviesamento ocorre porque os dados eram de mais fácil acesso para o sujeito.

Na categorização, a forma com que o sujeito lida com a complexidade dos estímulos que o rodeiam consiste em encaixar essa informação categorizando-a, rotulando-a. De certa forma, economizando: em vez de tratar cada

120 | O CÉREBRO DA POLÍTICA

dado *per se*, os indivíduos arrumam-nos em esquemas ou representações pré-estabelecidos, de forma a conseguir ler e lidar com o mundo (Houghton, 2009). O esquema ou guião é uma espécie de estereótipo que aglutina as características básicas de uma situação, objeto ou pessoa, género leis gerais do conhecimento e que permite fazer inferências sobre situações novas.

Por exemplo, vê-se uma pessoa com um estetoscópio ao peito, assume-se que é um médico. Atente na seguinte informação: "Estou a pensar numa coisa. Essa coisa tem focinho. Essa coisa tem quatro patas. Você leva essa coisa a passear". Naturalmente, o leitor assume que é um cão (Houghton, 2009). Contudo, ainda não lhe disse que é de um cão que se trata. Pode ser um porco, uma girafa ou um mamute. O leitor assume que é um cão porque usou um esquema que, ao ler cada bocado de informação, fez com que fosse eliminando hipóteses e que depois inferisse que é do melhor amigo do homem que se trata.

Realmente, a estereotipização é um poderosa força no processamento de informação, indo a ponto de atribuir características psicológicas e físicas aos outros. Por exemplo, "os alemães são trabalhadores e pontuais" e "os alemães são altos e louros". Note-se, contudo, que a pesquisa mais recente indica que não existe uma relação de causa-efeito entre estereotipização e discriminação.

Como se pode imaginar, ainda que estes guiões prévios ou esquemas permitam de facto tornar o mundo num lugar manejável, simultaneamente podem ser origem de muitos erros, distorções e enviesamentos da informação. Este esquema do "leva-se a passear" permitiu-lhe categorizar a informação que lhe foi fornecida e ainda ir além dessa mesma informação. Por muito espontâneos e naturais que estes atalhos de processamento de informação possam ser, em política são potencialmente desastrosos.

Na verdade, quer os agentes políticos quer os eleitores tomam decisões com base em informação truncada, incompleta ou distorcida, potenciando o uso de esquemas errados. Por exemplo, muito comummente, as pessoas votam com base no que já previamente associam a um partido (como se observou ao expor a formação do eu político), ignorando quais as circunstâncias presentes desse mesmo partido. Aliás, mesmo quando têm informação mais precisa sobre, por exemplo, aquele candidato em particular, votam de acordo com o seu esquema prévio. Aliás, é isto que se passa de uma forma geral: tem pelo e leva-se a passear - é um cão. É do partido X e é candidato – vota-se nele.

Ou seja, quando tomamos uma decisão, estamos sempre entre restrições cognitivas e restrições emocionais. As analogias e metáforas políticas funcionam na medida em que vão ao encontro da nossa informação disponível (restrições cognitivas) e à forma como sentimos (restrições emocionais). O balanço entre as duas ocorre sistemicamente fora da consciência das pessoas. Em 2004, Drew Westen (2007) tentou perceber como é que democratas e republicanos respondem a nova informação política, obtendo imagens da atividade dos seus cérebros à medida que lhes era apresentada uma série de slides. Supostamente, qualquer observador racional dessa informação, ainda que em conflito com a sua filiação partidária, chegaria a uma conclusão lógica. Aos participantes eram apresentadas declarações do líder do seu partido e depois declarações em que ele se contradizia claramente. O mesmo se fez com o líder do partido rival e com figuras politicamente neutras. Os participantes classificaram as contradições do seu líder como mínimas, as do rival como máximas. Quer republicanos quer democratas responderam de forma

122 | O CÉREBRO DA POLÍTICA

semelhante às contradições de figuras politicamente neutras. Mas, como explica Westen (2007), o cérebro político comportou-se de uma forma ainda mais surpreendente. Seguindo-se as áreas ativadas, constatava-se que a caixa negra primeiro parecia resolver a dissonância cognitiva, chegando a falsas conclusões e, depois, não apenas se "apagavam" os circuitos neuronais associados à emoções negativas, como se "acendiam" os associados a emoções positivas. O cérebro partidário não queria apenas sentir-se melhor. Queria sentir-se bem.

Politicamente, isto leva a algumas questões importantes. Primeiro, que pouco adianta "pregar para os convertidos". Ou seja, para os partidários do outro partido, faça o que se fizer, está sempre errado. Para os partidários do mesmo, está sempre tudo bem. De facto, são os indecisos que decidem as eleições.

Freud sabia que a mente se protege de informação ameaçadora, de modo inconsciente. Em Psicologia Política, estudos semelhantes foram conduzidos com temas como a pena de morte ou depois de debates políticos televisivos. Invariavelmente, a conclusão é que as pessoas rejeitam informação que contraria as suas posições prévias. O cérebro político não é a máquina racional que se quis supor durante muito tempo. O cérebro político é, sobretudo, emocional. Aliás, quanto mais sofisticada é a opinião pública, quanto mais conhecimento político tem determinada pessoa, mais tenderá a desenvolver complexos esquemas de racionalização para descartar a informação na qual não quer acreditar.

Um fenómeno curioso na blogosfera portuguesa é a compilação de vídeos com as contradições dos líderes dos partidos rivais. Se o leitor fizer uma rápida pesquisa na internet facilmente encontrará "as contradições de Sócrates" ou "as contradições de Passos Coelho". E com

O CÉREBRO POLÍTICO | 123

a mesma naturalidade com que colocam esses vídeos, se ignoram olimpicamente os dos adversários. Neste casos, dispensa-se ficcionar mensagens dos candidatos, como os investigadores tantas vezes têm que fazer nas experiências mencionadas. Num desses vídeos, por exemplo, o ecrã surge dividido a meio – à esquerda Sócrates diz que os benefícios fiscais são necessários e que as pessoas que deles usufruem não são ricos, pertencem à classe média; à direita Sócrates diz que as pessoas que recorrem aos benefícios fiscais são os que mais ganham, logos esses benefícios são "uma injustiça do nosso sistema fiscal". Num outro vídeo, Passos Coelho garante que é desfavorável ao aumento de impostos, repetindo-o com veemência. De seguida, Passos Coelho surge a defender o aumento das contribuições fiscais, que de resto, e como se sabe, consistiu num brutal aumento de impostos. Se mostrarmos o vídeo de Sócrates aos seus apoiantes, o mais provável é que acabem mesmo por lhe associar emoções positivas. Se mostrarmos o mesmo vídeo aos militantes do PSD, o mais provável é que lhe associem emoções negativas. E vice-versa.

O filme *Não*, de Pablo Larraín (2012), com Gael García Bernal, retrata a campanha para o referendo no Chile em 1988, a favor ou contra Pinochet. Bernal interpreta o papel do publicitário contratado para a campanha do Não (contra o ditador). Entre muitos pontos de vista que podem ser adotados para assistir a esta longa metragem, há uma questão que se salienta. Os opositores a Pinochet querem uma campanha de verdade. Cheia de imagens que denunciem a violência e brutalidade. O publicitário sabe que isso apenas "prega aos convertidos". Entre muita polémica, a campanha do Não acaba por ser parecida com os anúncios da coca-cola, prometer a felicidade, a juventude eterna, sorrisos brancos, criancinhas louras, adultos altos e espadaúdos, arco-íris e slogans como "a alegria vai chegar". E chegou.

A questão é que realmente existem as tais restrições cognitivas e as restrições emocionais, só que a influência e poder destas últimas são muito maiores. Westen (2007) conduziu uma série de estudos nesta área, concluindo que, se forem usadas apenas restrições cognitivas, por exemplo, somente se consegue prever o comportamento político dos sujeitos com cerca de 4% de eficácia quando a situação é muito intensa. Ou seja, o resto é largamente deixado às restrições emocionais. Quando as situações são menos tensas, as restrições cognitivas têm, efetivamente, um papel mais proeminente, mas nunca tanto quanto as emocionais.

Em dois livros (*Os Anéis de Saturno* e *História Natural da Destruição*), W. G. Sebald menciona o quadro de Rembrandt *A Lição de Anatomia*. A questão é que a autópsia conduzida pelo Dr. Tulp ao cadáver de um ladrão tem uma particularidade: muitos dos cirurgiões que assistem não olham para o cadáver mas sim para o Manual de Anatomia, colocado aos pés do corpo.

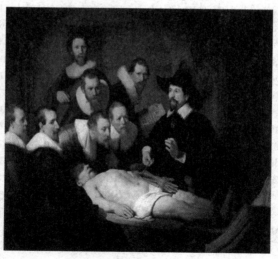

O CÉREBRO POLÍTICO | 125

Eles não observam os tendões da mão a serem descarnados, antes a representação desses tendões. O seu olhar está tão absorto no mapa e não no território que nem parecem perceber que a mão está errada (Rembrandt pinta o falecido com duas mãos direitas). Na perspectiva de Sebald, o pintor holandês está a dizer que a Ciência olha para o ser humano como um objecto de estudo e não como um sujeito, a partir de uma convicção prévia. O artista faz, assim, uma reflexão crítica à modernidade, então no seu começo. Aplicada à Psicologia Política, essa perspetiva critica então o seu foco no comportamento racional do indivíduo (manual) e não no indivíduo em si mesmo (emocional).

É esta interpretação que o filme *Bárbara*, de Christian Petzold (2012) adopta. Ela é uma vítima do regime comunista alemão, nos anos 80, uma médica desterrada para as berças, a quem o novo colega explica o problema levantado pelo quadro desse teatro anatómico. A sua posição quanto àquela ditadura política é que a sua ideologia é como o Manual de Anatomia no quadro de Rembrandt. Hannah Arendt dizia que o sucesso do totalitarismo chega quando as pessoas perdem o contacto com o seu semelhante, a faculdade de se porem no lugar do outro e claro, a capacidade de pensar e experimentar. No limite, sentir. De facto, depois do exílio forçado, Bárbara também parece um autómato, relegando a empatia somente para a medicina. Realmente, esse pode ser um dos problemas da ideologia, mas também sido um problema da filosofia, do pensamento ocidental em geral e da política em particular: olhar para as pessoas como se fossem a representação que temos delas, como homem racional, e não como elas são realmente – seres psicológicos. As pessoas votam no candidato que inspira os melhores sentimentos. Não naquele que tem os melhores argumentos.

126 | O CÉREBRO DA POLÍTICA

De certa forma, estes aspetos podem contribuir para a reflexão do porquê a direita ganhar tantas vezes. Se a maioria dos portugueses é de esquerda, como indicam várias sondagens (por exemplo, uma sondagem da Universidade Católica de 2004 diz que 35% dos portugueses são de esquerda, 22% da direita e 10% do centro), porque é que Durão Barroso sucedeu a Guterres e Passos Coelho a Sócrates? Antes de tentar responder, diga-se apenas que segundo o estudo, metade dos defensores da esquerda diz que a palavra que melhor caracteriza a sua opção política é «igualdade». No lado oposto, 29% dos portugueses de direita são da opinião que a palavra que melhor define este posicionamento é «tradição», tal como seria de esperar de acordo com o que foi mencionado sobre os valores em política.

Uma das razões para a esquerda perder eleições vezes demais comparativamente à disposição dos eleitores portugueses talvez seja porque pense que usar as emoções na política é manipulador. Mas essa associação entre razão e moralidade *versus* emoções e imoralidade carece de sentido (Westen, 2007), e vários grandes desastres na história política das nações o demonstram *ad nauseam*. Da mesma forma, podemos refletir porque é que depois da crise de 2008, provocada pela derrocada do sistema financeiro, a direita ganha eleições. Uma das razões é que construiu um discurso profundamente emocional, como foi mencionado.

Já vimos como as crenças e os valores são fundamentais para as emoções. Pois os valores que os portugueses mais valorizam (segundo diversas sondagens, nomeadamente uma da Universidade Católica de 2009) são ter uma família sólida, amar e ser amado, ser um profissional competente, ser honrado e ter amigos leais. Portanto, nas tomadas de decisões, o que mais nos influencia é a

O CÉREBRO POLÍTICO | 127

consciência e a família. Já o World Values Survey (WVS), uma organização académica com sede em Estocolmo que estuda os valores de 97% da população mundial, diz que Portugal é europeu geograficamente, mas sul--americano na sua estrutura de valores. Os estudos de WVS foram concebidos para medir as principais áreas de preocupação humana, desde a religião à política e à vida económica e social. Revelou-se que duas dimensões dominam: valores tradicionais *versus* valores seculares; valores de sobrevivência versus valores de auto-expressão, como também seria de esperar considerando o que já foi dito sobre os valores. Estas duas dimensões explicam mais de 70% da variação cultural cruzada com reflexo em numerosos valores mais específicos. As sociedades com predominância de valores tradicional/secular valorizam a religião, as relações familiares e a deferência perante a autoridade. Já as sociedades com predominância de valores secular/racional têm preferências opostas. As sociedades que valorizam a sobrevivência geralmente são as que ainda não a dão como adquirida, e as que enfatizam a auto-expressão colocam a tónica no bem-estar, posto que a segurança está garantida (no topo estão a Suécia e os países nórdicos) – o que corresponde à mudança para os valores pós materialistas (Tileaga, 2013).

O cruzamento dos dados das duas dimensões coloca Portugal ligeiramente acima do meio da tabela quanto aos valores da dicotomia sobrevivência/auto-expressão, mas longe das vanguardas, e abaixo da média nos valores da dicotomia tradicionais/secular-racionais. Portugal fica ao lado da Argentina, do Chile e da República Dominicana. A força das tradições e a preocupação com a sobrevivência são fortes.

Portanto, embora os eleitores portugueses possam ser de esquerda, adoptam valores tradicionalmente associa-

128 | O CÉREBRO DA POLÍTICA

dos à direita. Sobretudo, altamente explorados pela direita. Por exemplo, onde está o discurso de esquerda sobre a família? Certamente por preconceito ideológico, a esquerda tem negligenciado profundamente esta área, embora facilmente pudesse construir uma narrativa sólida, por exemplo: "Como candidato a primeiro-ministro, pretendo dar absoluta primazia ao direito inalienável que todos os portugueses têm de constituir e proteger a sua família. O mercado de trabalho desregulado, onde os trabalhadores são tantas vezes vítimas de vínculos temporários ou precários e onde tantas vezes têm de trabalhar excessivamente para honrar os seus compromissos financeiros, faz com que muitos não consigam projetar um futuro, faz com que adiem a constituição de uma família, a maternidade e a parentalidade, ou que sejam impossibilitados de dedicar mais tempo às sua famílias, aos seus filhos e às suas casas. Proteger a família é também proteger as relações laborais". Mas a verdade é que a esquerda até pode fazer o discurso sobre a desregulação das relações laborais, mas nunca o associa a um valor/sentimento fundamental – família. Pode até ter bons argumentos, ter razão. Mas o discurso não passa, não chega. Por outro lado, a esquerda (a extrema-esquerda mas o PS também) produz muitas vezes um discurso de proteção das famílias menos comuns (casamentos entre homossexuais ou adopção por casais do mesmo sexo) e muito mais raramente sobre as constelações familiares mais comuns. Não que esteja errado ter como causas a defesa dos direitos das minorias. Muito pelo contrário. O problema é a ausência de uma narrativa quanto às maiorias.

Já se atentarmos nos outros valores mencionados no estudo em questão, surge imediatamente depois da família e do amor, a honra e a seriedade ("ser um profissional competente, ser honrado e ter amigos leais").

O CÉREBRO POLÍTICO | 129

Valores esses que a direita, no pós-crise 2008, explorou sistematicamente, construindo um discurso politicamente eficaz: "Vivemos acima das nossas possibilidades", "Estado gordo", "honrar os compromissos", "fazer sacrifícios", "ganhar credibilidade", "apostar no empreendedorismo" são exemplos (reiteradamente repetidos por quase todos os intervenientes de direita) de como passar uma mensagem política à base de valores/emoções. Simultaneamente, a direita "adoçou" as medidas mais impopulares com metáforas e analogias: entrega aos privados de áreas de provisão pública – "ajustamento estrutural"; destruição do valor do trabalho e corte nas prestações sociais – "incentivo à procura de emprego". Do lado da esquerda, que retórica política conseguiu fazer o mesmo? Nenhuma. A esquerda construiu um discurso baseado na razão – "a dívida é impagável"; "não há uma distribuição justa dos sacrifícios"; "defender os direitos adquiridos e a Constituição" com zero-ponto-zero de ressonância emocional.

4

ELEITORES E CANDIDATOS

Inicialmente, pensava-se que a comunicação social exercia uma influência decisiva (o quarto poder) na moldagem da opinião pública. Contudo, a investigação mais recente aponta para uma direção diversa. A comunicação social não molda as atitudes e comportamentos políticos – ela "apenas" as enquadra, dando sentido à informação, estabelecendo uma agenda e selecionando considerações de base. E já não é pouco pois, como já se discutiu, o "reemolduramento" da informação é determinante. Embora não esteja no âmbito deste pequeno manual de Psicologia Política a abordagem sistemática da questão da comunicação social, importa dizer que determinar a agenda faz como que os temas enfatizados pelos *media* sejam percebidos como os mais importantes, enquanto a seleção das considerações (*priming*) se refere à capacidade dos *media* de alterar os critérios através dos quais os atores e temas políticos são percebidos pelos cidadãos. Ou seja, os *media* possuem, efetivamente, uma capacidade de persuasão (Lavine, 2010).

132 | O CÉREBRO DA POLÍTICA

Sucede que essa indução/sugestão da comunicação social é insuficiente para explicação social, isto é, revela--se exígua para explicar porque é que as pessoas formam determinadas atitudes políticas e agem de certa forma. Como já se discutiu, formam-se certas atitudes porque elas permitem aos indivíduos vários benefícios psicológicos como a defesa do eu de conflitos intrapsíquicos, a expressão de importantes atributos da identidade do indivíduo, a obtenção de recompensas sociais bem como o evitamento de sanções, a facilitação do interesse próprio e a obtenção de um maior conhecimento sobre o mundo social. Por exemplo, relativamente às defesas do eu, existe pesquisa que demonstra que a homofobia está associada à excitação homossexual (homens heterossexuais homofóbicos ficam sexualmente mais excitados perante estímulos homossexuais do que heterossexuais não homofóbicos). Do mesmo modo, sabe-se que as mensagens políticas são persuasivas na medida em que se dirigem diretamente à motivação psicológica do sujeito. Por exemplo, as atitudes baseadas no utilitarismo mudam mais facilmente apelando ao interesse próprio, enquanto que as atitudes baseadas na identidade social do sujeito alteram-se através de estimulação simbólica.

Por outro lado, se inicialmente se considerava que a natureza da opinião pública funcionava quase como uma memória de computador – as pessoas armazenavam informação e na altura de votar retiravam-na do arquivo e decidiam – hoje sabe-se que essa explicação é manifestamente insuficiente até porque as atitudes políticas podem ser instáveis e só a variação da forma ou do contexto no qual se faz uma pergunta pode alterar radicalmente a resposta do indivíduo (de novo, recorde-se o fenómeno do emolduramento). Adiante se verá como isso sucede em maior detalhe. Para já, sublinhe-se que as opiniões políticas são episodicamente construídas a partir das considerações que estão disponíveis em determinado momento. Ou seja, as pessoas não têm uma atitude política "verdadeira", mas mais uma distribuição e atitudes possíveis segundo flutuações do que é ativado, seja pela comunicação social e fazedores de opinião, seja pelas motivações individuais (Lavine, 2010).

Sublinhe-se ainda que a Psicologia Política tem vindo também a traçar uma importante distinção entre atitudes implícitas e atitudes explícitas. As primeiras são julgamentos formados fora da consciência do sujeito e refletem associações estabelecidas na infância e adolescência. Ou seja, são de natureza afetiva. São ativadas automática e incontrolavelmente. Já as atitudes explícitas são muitas vezes moldadas pela desejabilidade social, são conscientes e deliberadamente aplicadas. Esta distinção, tão usual para os psicólogos clínicos que trabalham sempre com base no que é dito e no que não é dito, no expresso e no latente, desde o pedido de consulta ao processo terapêutico propriamente dito, tem implicações políticas importantes, designadamente nos estudos de opinião e nas sondagens. Mas também na avaliação das atitudes das chamadas "políticas fraturantes" (as que habitualmente se percepcionam como relativas ao "outro grupo").

A opinião pública é o sangue da democracia (Taber, 2003). Mas como é que os cidadãos escolhem e decidem? Em primeiro lugar, há que considerar que a opinião pública é, evidentemente, constituída por indivíduos que são processadores de informação emocionais. Com mais ou menos dados, são eles que a interpretam, descodificam e depois a transformam em decisões. Mesmo que haja quem advogue que a opinião pública é um fenómeno colectivo com significado político apenas como agregado (Taber, 2003), e que se trata de uma propriedade emergente de

134 | O CÉREBRO DA POLÍTICA

um colectivo, essas noções podem esclarecer as consequências da opinião pública mas lançam pouca luz quanto às suas causas. No fundo, "opinião pública" é também um atalho cognitivo, uma simplificação que permite evitar a complexidade individual (Bourdieu, 1972).

Na verdade, esta perspectiva sobre a opinião pública não implica que os indivíduos sejam autónomos nas suas opiniões ou que as suas opiniões, isoladas e em si mesmas, tenham peso. Antes pelo contrário. Partindo do indivíduo como processador de informação, percebemos melhor que é em rede, nas várias redes sociais onde interage que o indivíduo constrói a sua opinião. Nessas redes os cidadãos edificam as suas preferências através de complexas trocas, sendo que o agregado de opinião se forma mais pelo *input* dos indivíduos do que pelo *output*. Portanto, os indivíduos recebem informações, transformam-nas em opiniões privadas que depois tornam públicas pelo simples facto de as manifestarem ou colocarem questões (Taber, 2003). Assim, as suas opiniões públicas, combinadas com as dos outros, terão impacto no processo político.

A Psicologia Política foi evoluindo da consideração do comportamento eleitoral de uma posição mais situacionista (contexto) para uma perspectiva mais disposicional (personalidade, emoções e cognições). Na primeira considerava-se que se podia prever o voto de acordo com as características do eleitorado, tais como estatuto socioeconómico, sexo ou religião. Porém, como já vimos, o cérebro político é muito mais complexo do que uma mera função do ambiente. Depois, a Psicologia Política percebeu como a afinidade desenvolvida na socialização política e a afinidade partidária eram essenciais, como já vimos, onde foi marcante o trabalho de Angus Campbell. Descobriu-se que a maioria do eleitorado é fiel ao seu partido (embora este número mostre uma tendência

ELEITORES E CANDIDATOS | 135

de descida consistente). A maioria, não todos. Isto deveria ter feito os psicólogos políticos baixar os braços? Antes pelo contrário. Há então uma faixa do eleitorado (os indecisos e os oscilantes) que decidem as eleições. Logo, é da máxima importância perceber como é que estes indivíduos, sem vinculação partidária estável, fazem as suas escolhas. São eles que, no fundo, decidem para que lado pende o fiel da balança. Portanto, o comportamento eleitoral é o resultado da interação entre forças de longo prazo (os convertidos) e de curto-prazo (as reações a cada assunto/candidato) (Houghton, 2009).

De sublinhar que, não apenas a fidelização aos partidos tem vindo a descer, verificando-se uma tendência de desalinhamento, como os eleitores têm, de uma forma geral, vindo a tornar-se politicamente mais sofisticados, como já mencionado.

De qualquer forma, é forçoso reconhecer que os indivíduos diferem substancialmente nos seus conhecimento políticos. Há uma enorme variação no interesse, atenção e informação políticos entre cidadãos. E se muitos psicólogos políticos e cientistas políticos gostariam que os indivíduos fossem cidadãos exemplares, com dados exatos, "o reino dos assuntos humanos", na expressão de Arendt, é emaranhado e imperfeito.

Central para perceber como é que as pessoas votam é compreender como formam a sua percepção dos candidatos políticos já que hoje sabe-se que os seus atributos pessoais são tão ou mais importantes do que os partidos ou as políticas. Os eleitores não-ideológicos (que como já se viu, são muitos) confiam na avaliação das características dos candidatos para formar julgamentos e impressões políticas, sem grande investimento cognitivo (Lavine, 2010). Aquilo que um eleitor quer saber quando coloca o seu voto na urna é quanto é que aquele candidato se

136 | O CÉREBRO DA POLÍTICA

aproxima dos seus valores e de si mesmo (emoções e empatia). Depois, o eleitor quer saber se aquele candidato o vai representar lealmente e se tem as características necessárias à liderança, confiabilidade e competência. Por fim, se existir um assunto particularmente caro ao eleitor – por exemplo, medidas de austeridade – é-lhe importante saber com clareza qual a posição do candidato (Westen, 2007).

Neste âmbito é especialmente importante considerar que a avaliação que cada um faz de determinado candidato compara sempre à ideia que cada um tem do candidato ideal e/ou ao candidato que previamente ocupava aquele lugar. Isto é, os estereótipos que o indivíduo tem acerca do candidato ideal determinam a perspectiva que se tem daquele sujeito específico. Esta constatação leva à Lei de Gresham, que postula que a informação pessoal pode repelir informação política relevante, sendo que uma pequena quantidade da primeira pode dominar uma larga quantidade da segunda (Cottam, 2010). Daí que possa ser especialmente revelante para quem quer disputar um lugar político – primeiro-ministro, presidente, deputado, ministro – entender qual é a imagem ideal que os indivíduos têm desse lugar.

Em traços grossos, e como seria expectável, esse estereótipo passa por características como a competência (experiência política anterior, domínio do sistema político e inteligência) e a *performance*, incluindo também características como a integridade (honestidade, sinceridade), a confiabilidade (força, assertividade, capacidade de trabalho), a capacidade retórica, a idade (entre os 45 e os 55 parece a ideal), e atratividade física. De uma penada, pode-se resumir a: competência, integridade, confiabilidade e carisma. Para Houghton (2009), Kennedy preenchia todas essas exigências, tornando-se por isso numa espécie de protótipo que foi, depois, alvo de tentativa de imitação por vários outros candidatos à Casa Branca, desde Dan Quayle a Bill Clinton, que em campanha exibia fotos dele muito novo a apertar a mão a JFK. Da mesma maneira, em 2004, Bush atacou a campanha de John Kerry sublinhando os pontos em que ele diferia de Kennedy. Portanto, embora estes traços sejam um esboço ou retrato-robot, entender a especificidade do estereótipo relativo àquele lugar em particular é importante, ainda que também se verifique que nem sempre os indivíduos se socorrem de apenas um estereótipo mas de vários. Ademais, os estereótipos também variam com o tempo e as circunstâncias. Por exemplo, em tempos de crise económica, o estereótipo de um candidato especialista nessa matéria é mais comum, em tempos de desordem será "ordem e estabilidade", numa época de grandes escândalos dar-se-á primazia à integridade.

Eleitores politicamente mais "sofisticados" ou "conscientes" consideram outros fatores. Houghton (2009) sublinha como existem duas formas básicas de votar: a prospetiva e a retrospetiva. A primeira é mais exigente na medida em que obriga a que o indivíduo 1) atente nas propostas dos vários partidos; 2) compare-as; 3) selecione a que está mais de acordo com as suas próprias convicções, ideologia, crenças e valores. Se, por exemplo, a pessoa se caracterizar como liberal nos costumes e liberal na economia, não encontrará um encaixe perfeito com nenhum partido, mas tenderá a escolher aquele que mais se aproxima dessa visão. Já o voto retrospetivo é menos exigente para o cidadão, pois baseia-se em premiar aqueles que cumpriram e castigar os que incumpriram. Nestes falhanços, os eleitores privilegiam a *performance* económica. É fácil votar assim porque não obriga o indivíduo a ler programas eleitorais, procurar informação detalhada e

138 | O CÉREBRO DA POLÍTICA

tomar escolhas difíceis. De sublinhar que embora o voto retrospetivo seja mais preguiçoso, ele é mais racional na medida em que economiza esforços e, sobretudo, considera a tendência de muitos políticos de violar as sua promessas eleitorais. Na verdade, a esmagadora maioria dos votos são "votos simples". Algo parecido com o "efeito do bêbado" – tal como este procura as chaves que perdeu debaixo do poste de iluminação, não porque foi aí que as deixou, mas porque aí está mais claro, quem vota muitas vezes prefere estabelecer comparações simples entre os candidatos em vez de processar assuntos complexos e fazer escolhas difíceis.

As pessoas votam/tomam decisões políticas sobretudo de quatro formas diferentes (Lau e Redlawsk, 2006).

1) Em primeiro lugar, há a **escolha racional**, em que o indivíduo pesa analiticamente a informação política e decide, sobretudo, de acordo com os seus interesses. Esta estratégia promete um resultado excelente, mais moderado, com decisões de elevada qualidade. Porém, é cognitivamente muito difícil, logo pouco usada. Emprega-se sobretudo quando só há duas alternativas e é usada preferencialmente por peritos em determinada matéria. Na verdade, pouco peso eleitoral traduz.

2) Depois vem o **modelo confirmatório**, em que a pessoa passa por um processo de socialização política, identificando-se depois com um candidato e, de seguida, adquirindo informação de modo passivo. Esta estratégia leva a avalizações altamente polarizadas e de pouca qualidade, sendo particularmente adotada por aderentes dos partidos. Ou seja, os "convertidos".

3) Em terceiro lugar, considera-se a **decisão rápida**, em que a pessoa procura dados parciais sobre um tema que lhe interessa e ignora tudo o resto. Esta estratégia é empregue, sobretudo, quando os temas são especial-

mente intricados e/ou o tempo de decisão muito curto. Os resultados, contudo, não são maus: encontram-se escolhas menos polarizadas e até decisões de qualidade, mormente quando os temas são muito complexos.

4) Por fim, temos a **decisão intuitiva semiautomática** em que a pessoa procura informação até ao ponto que acha necessário para decidir e não mais. Emprega-se sobretudo quando se quer ter uma decisão fácil para um assunto difícil. Os resultados dão em forte polarização mas boas escolhas (especialmente quando o tema é, de fato, complexo).

Enfim, o que esta classificação significa é que a pesquisa em Psicologia Política afastou-se da concepção do eleitor como homem racional/económico, bem como da orientação da fidelização partidária exclusiva. Esta última, colocando a tónica na socialização partidária, como vimos, devotava consequentemente pouca atenção às campanhas e à comunicação política já que, no limite, todo esse aparato teria uma influência residual. Podemos dividir estes estudos mais atuais em dois grandes grupos: os que se debruçam sobre a forma como as pessoas estruturam e armazenam as informações políticas e os trabalhos que se centram nos processos cognitivos que levam à resposta e decisão política (Houghton, 2009). Claro que os dois estão intimamente ligados e não devem ser surpresa depois do que foi exposto nos capítulos anteriores.

Ainda no campo da estruturação e armazenamento da informação há que considerar que se há queixa que todos fazem é que o país não tem memória. Lamentam-se o cidadão comum, os primeiros-ministros, os bloggers, os fazedores de opinião. Até se daria total razão a todos eles não fosse o caso de, geralmente, quem proclama que o país não tem memória considera também que é o único que a possui. É simples. Memória dessa ninguém

140 | O CÉREBRO DA POLÍTICA

tem. Na verdade, a memória humana é absolutamente extraordinária. Em primeiro lugar porque é o centro da experiência humana (Tileaga, 2013). Depois, porque, tanto quanto se sabe, tem uma capacidade ilimitada de armazenamento (por isso nos lembramos de acontecimentos da nossa infância) mas apresenta um acesso difícil. Por isso o leitor pode não se recordar do que leu dez linhas atrás ou do que comeu ontem de manhã mas recordar-se do detalhes do seu quarto em bebé.

O conceito mais básico que é necessário reter é o de Memória de Longo Prazo (MLP) e Memória em Curso (MC). A MLP é organizada associativamente em redes de significado, como já se mencionou. Se pedirmos a alguém para falar sobre colonização, por exemplo, constata-se que habitualmente o discurso surge estruturado, evoluindo por associações onde uma pista vai desencadeando outra e assim sucessivamente. A memória de longo prazo é, assim, uma rede gigantesca de ligações e conexões escondida numa cave escura (Taber, 2003). Já a memória em curso corresponde ao pequeno ponto que se consegue iluminar num determinado momento. Esta memória é extremamente limitada – apenas armazena entre 5 a 9 dados de cada vez (por exemplo 9 algarismos de um número de telefone – se forem 14 o indivíduo já não os consegue reter) e funciona em série, ou seja, para aceder a um novo dado ou a um elemento da cave, tem que se "libertar o circuito". Por fim, passar um dado da MC para a MLP leva muito tempo cerebral (cerca de 10 segundos).

Posto isto, o processamento de informação política passará por estes estádios, aqui apresentados de modo simples e sequencial para melhor compreensão, se bem que no funcionamento real estes passos podem ser quase simultâneos ou sucederem por outra ordem:

ELEITORES E CANDIDATOS | 141

1) Exposição à informação: a informação política terá que captar a atenção da MC para conseguir ter algum efeito – terá de ser baseada em emoções e valores.

2) Interpretação: a nova informação deve estar ancorada em algum conhecimento armazenado na MLP para que possa fazer sentido.

3) Avaliação: o indivíduo classifica essa informação tipo facebook – gosto/não gosto.

4) Armazenamento: só possível se ligado à rede da MLP.

Depois, na altura de emitir uma opinião política ou de votar, o indivíduo acede à MLP e retira da rede a necessária informação. Claro que a atenção é altamente seletiva e segue, sobretudo, as emoções e os valores de cada um. Só depois segue os interesses que cada sujeito cultiva. De uma maneira geral, pode dizer-se que os temas políticos que se tornam revelantes, para além das emoções e valores, são aqueles relativamente aos quais os indivíduos estabelecem ligações: 1) entre o tema e o lugar político; 2) entre o tema e o candidato; 3) entre o tema e os benefícios que podem advir para si próprios. Portanto, se os candidatos querem ser eficientes têm que tornar a sua posição relativamente a certo assunto clara, mostrar ao eleitor como sairá beneficiado dessa posição e garantir que quando ocuparem o cargo realmente levarão por diante esse compromisso (Cottam, 2010).

Por outro lado, à medida que nova informação vai surgindo, as pessoas usam os dados para proceder a uma atualização dos que já se encontram armazenados. Isto

142 | O CÉREBRO DA POLÍTICA

significa que, na altura de votar, por exemplo, o indivíduo pode já não se lembrar de toda a campanha eleitoral, mas isto não significa que esses elementos não tiveram impacto na sua escolha (Cottam, 2010). Os aspetos específicos da informação podem ser esquecidos, mas permanece uma impressão global. O mesmo se passa, por exemplo, com a recordação de um filme a que o leitor assistiu. Dificilmente se lembrará de todos os detalhes do filme e terá guardado alguns bocados de informação apenas, um ator ou outro, o realizador, duas ou três cenas, mas mais facilmente terá retido a impressão geral com que ficou: gostou ou não gostou. Para este processo contribuem todo o funcionamento cognitivo anteriormente exposto, nomeadamente os vários atalhos empregues para o processamento de informação.

De acordo com Lau e Redlawsk (2006), seis atalhos cognitivos são essenciais para entender as escolhas políticas dos indivíduos.

1) a heurística do afeto de referência – as pessoas votam em determinado candidato que já conhecem e admiram (já discutido e especialmente importante nas presidenciais);

2) a heurística da recomendação – prefere-se quem foi recomendado por alguém que se considera;

3) a heurística da familiaridade – quando o indivíduo conhece um dos candidatos e desconhece os outros, prefere o primeiro;

ELEITORES E CANDIDATOS | 143

4) a heurística do hábito – fazem-se certas escolhas políticas porque, simplesmente, já se fizeram no passado;

5) a heurística da viabilidade – escolhe-se o que tem mais probabilidades de ganhar.

Portanto, daqui se pode concluir que as pessoas votam de forma "simples" (usando muitos atalhos cognitivos) e, sobretudo, de forma emocional (afeto, recomendação, familiaridade, hábito). Um exemplo destes processos é a nostalgia pelo comunismo. Esse fenómeno da Europa de Leste pode ser lido de várias perspetivas. Certo é que várias sondagens levadas a cabo nesses países refletem esse sentimento – uma avaliação moral positiva do período comunista. Por exemplo, em 2009, 72% dos húngaros, 62% dos búlgaros e ucranianos e 60% dos romenos declararam que estavam pior do que durante o comunismo (Tileaga, 2013). Estes números colocam questões pertinentes: como é que as pessoas não se arrependem do comunismo? Como ignoram o seu legado opressor e criminoso? A verdade é que, apesar de todas as atrocidades, o comunismo deixou também uma "herança ideológica", uma história alternativa de valores (tão progressistas quanto conservadores), uma narrativa.

Para melhor perceber esse aspeto, agora, o leitor por favor leia e tente memorizar as seguintes informações:

"Se os balões rebentassem, o som não chegaria porque tudo estaria demasiado longe do andar correto. Uma janela fechada também impediria o som de chegar, já que a maioria dos edifícios tende a estar bem isolada. Visto que toda a operação depende de um fluxo estável de eletricidade, uma quebra no fio também

causaria problemas. Claro que o tipo também podia berrar mas a voz humana não é suficientemente forte para chegar tão longe. E nem podia existir um acompanhamento da mensagem. É claro que a situação ideal envolve uma distância menor. Haveria menos problemas potenciais. Com presença face a face, um mínimo número de coisas poderia correria mal."

Já leu? Então agora feche o livro e tente reproduzir o que acabou de ler.

Difícil, não é? Não faz qualquer sentido. Os participantes da experiência original, de Bransford e Johnson também acharam. Não se lembravam de quase nada. A questão é que, a um segundo grupo de participantes foi mostrada a seguinte imagem antes de lerem o texto.

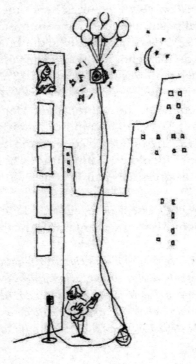

ELEITORES E CANDIDATOS | 145

De repente, todo aquele parágrafo estapafúrdio faz todo o sentido. Os participantes também acharam e os que viram a imagem antes ainda lhe deram mais sentido. Nesta experiência podemos pensar na imagem como um esquema que estrutura a informação e seleciona aquilo de que nos devemos lembrar. Sem essa estrutura prévia fica muito complicado saber o que se deve reter da informação. Logo, a pessoa de pouco se lembra. É assim que funciona o cérebro, já se sabe. Precisa da tal rede prévia.

Agora leia por favor o seguinte parágrafo:

"*O procedimento é, na verdade, bastante simples. Primeiro, colocam-se as coisas em dois grupos diferentes. É claro que um monte pode ser suficiente, dependendo de quanto há a tratar. Se tiver que ir a outro lado qualquer devido à falta de instalações, dará o passo seguinte. Senão, está tudo mais ou menos pronto. É importante não exagerar e tratar apenas de algumas coisas do que de muitas de uma vez. A curto prazo isto pode não parecer importante mas facilmente surgem complicações. Um erro também pode sair caro. Ao princípio todo o procedimento parecerá complicado. Contudo, em breve, será apenas mais uma parte da sua vida. É difícil antever um fim para a necessidade desta tarefa no futuro imediato, mas nunca se sabe. Depois de o procedimento estar completo, organizam-se os materiais em diferentes grupos, de novo. De seguida, podem todos ser colocados nos sítios corretos. Eventualmente, serão usados mais do que uma vez e todo o ciclo terá então que ser repetido. Contudo, isso faz parte da vida.*"

Um terço dos participantes leu este parágrafo, não lhe atribuiu grande sentido e depois não conseguia lembrar-se do conteúdo. A outro terço dos participantes foi dito que iam ler um texto sobre tratar da roupa. Leram, acharam que fazia todo o sentido e lembravam-se do pa-

146 | O CÉREBRO DA POLÍTICA

rágrafo. Um terceiro terço (do qual o leitor faz parte) leu o texto e só depois lhe foi dito que se abordava a questão de lavar/tratar da roupa. Tal como o primeiro grupo, acharam que não fazia muito sentido e, posteriormente, não se lembravam muito bem. Ao contrário da primeira experiência (serenata ao sexto andar com balões), o tema "tratar da roupa" é algo que a maioria das pessoas conhece bem. Tratar da roupa serve então como um esquema que as pessoas já têm na cabeça. Mas, tal como no caso dos balões, o tópico ajudou-os a estruturar o parágrafo não só para que tivesse mais sentido mas também para que dele se recordassem.

O neurocientista Michale Gazzaniga (2012) tem também uma interessante pesquisa sobre a confabulação. Há muitos anos que começou a estudar pacientes que sofrem de epilepsia. Para controlar os ataques, foi-lhes cortado o corpo caloso, uma estrutura de substância branca que conecta os hemisférios cerebrais direito e esquerdo. Note-se que o campo visual do olho esquerdo está ligado ao sistema visual do hemisfério direito e que o do olho direito está ligado ao sistema visual do hemisfério esquerdo mas que, sem corpo caloso, não há comunicação entre os dois lados do cérebro. No lado esquerdo está localizada a linguagem. Gazzaniga colocava então objetos no campo visual esquerdo do sujeito (com uma barreira, os sujeitos não podiam ver com o olho direito). Ou seja, não havendo comunicação entre os hemisférios e estando o olho esquerdo ligado ao hemisfério direito, os sujeitos viam mas não tinham acesso a uma linguagem que lhes permitisse descrever o que estavam a ver. Resultado: os pacientes inventavam. Confabulavam.

Por exemplo, no campo visual direito mostrava-se uma pata de galinha e no esquerdo uma paisagem de neve. Depois, pedia-se ao paciente que escolhesse imagens

ELEITORES E CANDIDATOS | 147

de um conjunto que ambos os hemisférios podiam ver. O paciente apontava para a pá (corresponde à neve) e para a galinha (corresponde à pata). Finalmente, pedia-se ao sujeito que justificasse as suas escolhas. O paciente, por exemplo, diria que tinha escolhido a galinha porque vai com a pata e que tinha escolhido a pá para limpar o galinheiro. Ou seja, o lado esquerdo, sem saber o que o lado direito tinha visto, imediatamente criou um contexto explicativo para a escolha da pá. Uma pá para limpar o galinheiro. Faz todo o sentido! O que é interessante, como sublinha Gazzaniga, é que os sujeitos não respondiam "Não sei". Inventavam, confabulavam.

Mas o fenómeno de confabulação, da nossa necessidade de dar sentido às coisas, não se verifica apenas nestes pacientes sem comunicação entre os dois lados do cérebro. Gazzaniga (2012) usa acontecimentos banais do seu próprio quotidiano para descrever melhor a confabulação. Por exemplo, um dia ia a passear numa zona que tem cascavéis e fugiu de um local depois de ter ouvido um som que lhe parecia o de uma cascavel. Para o neurocientista, se então lhe perguntassem porque tinha fugido, teria respondido que tinha saltado porque encontrara uma cobra. Mas a verdade é que fugiu antes de estar consciente de qualquer cascavel. Fugiu e depois pensou que podia lá estar uma cascavel (facto). E não pensou que podia lá estar uma cascavel e fugiu (o que a consciência acredita que se passou). Logo, tal resposta seria uma confabulação, a atribuição de uma explicação ficcional ao passado que se acredita ser verdadeira.

Para Gazzaniga, isto deve-se ao facto do cérebro procurar a causalidade, tentar sempre dar sentido a factos dispersos. Como, de resto, já anteriormente se constatou, o neurocientista conclui que as ações e os sentimentos acontecem antes de estarmos conscientes deles. Ou seja, a maioria das ações e sentimentos são resultado de processos não conscientes, sendo que as explicações (processos conscientes) que damos para essas ações e sentimentos são posteriores à sua ocorrência.

O cérebro age assim com objetos mas também com acontecimentos. Numa outra experiência, Gazzaniga mostrava aos sujeitos uma série de 40 imagens que contava a história de um homem a acordar de manhã, a vestir-se, a comer e a ir para o trabalho. Passado algum tempo, a cada participante era mostrado novo conjunto de imagens – algumas eram as originais, outras eram novas mas podiam facilmente pertencer àquela história, outras ainda eram novas e não faziam qualquer sentido naquele contexto, como o mesmo homem a ir ao jardim zoológico. O que os participantes faziam era incorporar as imagens novas e antigas mas rejeitar as novas que não faziam sentido. Nas experiências com o corpo caloso cortado, também é assim que o hemisfério esquerdo responde: apreende um sentido da história e aceita tudo o que nela caiba. O hemisfério direito não se comporta deste modo. É o lado do cérebro literal e identifica apenas as imagens originais. Razão pela qual, quando se tem três anos, se pode inventar uma história cheia de contradições – o hemisfério esquerdo ainda não está totalmente capaz.

Da mesma forma, quando Gazzaniga, por exemplo, mostrava a uma paciente – só ao seu olho esquerdo, ou seja, hemisfério direito – uma imagem aterradora, e depois lhe perguntava o que tinha visto, ela respondia que não sabia. Já quando lhe perguntava como se sentia, retorquia que estava assustada, nervosa; embora soubesse que simpatizava com o experimentador, naquele momento tinha medo dele. Ou seja, como não havia mais nada na sala e o hemisfério esquerdo tinha que dar uma resposta, uma interpretação ou um sentido, a participante concluiu que o experimentador a assustava.

O neurocientista conclui que os factos são óptimos mas desnecessários. A consciência flui naturalmente numa narrativa coerente. O hemisfério esquerdo é o intérprete, o que encontra ordem no caos, que tenta pôr tudo num contexto, construir hipóteses sobre a estrutura do mundo mesmo que não exista tal padrão, enquadrar tudo numa história.

Em Psicologia Política isto significa que o primeiro passo para o sucesso de uma força política é ter uma história, uma narrativa, aquilo que em publicidade se designa por *brand*. Uma força política tem que ser conotada com emoções fortes que ativem redes extensas e que possam ser depois colocadas em termos de uma história coerente que narre aquilo que essa força representa e defende (Westen, 2007). Só assim se construirá também a MLP dessa mesma força política, essencial, como já se viu, para que novas informações e dados possam entrar e ficar armazenadas na caixa negra do indivíduo.

Como se constatou ao abordar a formação do eu político e o desenvolvimento da personalidade, no desenvolvimento humano é fundamental passar de uma posição omnipotente para uma posição que tolere a vulnerabilidade, de uma posição centrada na sobrevivência do eu (medo/aversão) para outra centrada na relação com o outro (desejo/perda). Portanto, e como enuncia Nussbaum (2013), todas as sociedades precisam de lidar com essas emoções básicas, no caso do desejo/perda/entusiasmo canalizando-os de forma a que promovam a reciprocidade e a compaixão e contendo o medo/ansiedade/aversão: "Todas as sociedades precisam então de algo como espírito da tragédia e o espírito da comédia – o primeiro modelando a compaixão e o sentimento de

150 | O CÉREBRO DA POLÍTICA

perda, o último indicando formas de elevar-se acima da aversão (Nussbaum, 2004). Promover a compaixão implica, como já foi descrito, que o objeto dessa compaixão não seja percepcionado como sendo o causador da sua própria tragédia (o caso da macaca Azalea) e, preferencialmente, que a situação seja tida como de "possibilidades semelhantes" ou seja, por mais remota que pareça, possa ser entendida como possível. Implica seriedade/semelhança e ausência de culpa. E essa compaixão recusa o medo/aversão próprios mas projetados sobre o outro. A lista de situações que levam à compaixão trágica proposta por Aristóteles na sua *Retórica,* inclui dois grupos. O primeiro refere-se a coisas destrutivas, como morte, lesões corporais, velhice, doença e fome. O segundo a coisas más pelas quais a sorte é a responsável como a fealdade, a fraqueza e a deformidade, ter poucos amigos, ser traído. A tragédia, conclui Nussbaum (2013), é uma ferramenta poderosa para suplantar a segmentação social. Diz a filósofa que foi Hegel quem enfatizou o significado político da tragédia que mostra como são duros os resultados que se colhem quando duas esferas da vida se opõem e se tem de escolher entre elas. A tragédia funciona depois de ter terminado, levando os espetadores a refletirem sobre como seria se as pessoas não tivessem que fazer tais escolhas, se fosse possível sanar as contradições e reconciliar as forças. Por exemplo, conciliando religião e Estado, emancipação da mulher/família.

As sociedades modernas não têm as tragédias e comédias gregas. Mas têm histórias. Desde logo, as histórias infantis. Para o autor do famoso Psicanálise dos contos de fadas, Bruno Bettelheim, as histórias servem para ultrapassar os problemas do crescimento - as decepções narcísicas, as dependências infantis - criando um sentimento de individualidade e de obrigação moral. A criança precisa de compreender o que se passa dentro de si e os contos de fadas oferecem certas dimensões à imaginação da criança que ela mais dificilmente descobriria sozinha. Aliás, a pesquisa mostra que os nossos cérebros automaticamente procuram histórias com um tipo de estrutura básica que é quase universal e praticamente transversal a todas as idades, mesmo que depois possam ter enredos bastante complexos pelo meio. A estrutura básica é tipo "era uma vez", com protagonistas, os problemas que tiveram que ser ultrapassados, os adversários, e um fecho em que o essencial se resolve ("e viveram felizes para sempre"). Os clássicos três atos. A pesquisa, por exemplo, demonstra que os jurados mais facilmente chegam a um veredicto quando conseguem contar uma história com sentido, e que os advogados que apresentam os seus casos empregando a estrutura básica de uma história têm mais sucesso do que aqueles que apresentam provas consistentes sem uma história que as integre (Westen, 2007).

Em *A Tempestade*, de Shakespeare, há uma altura em que Miranda responde ao pai dizendo-lhe que o seu conto podia curar a surdez. Somos animais de histórias, contamos histórias constantemente a nós mesmos e aos outros, o nosso próprio eu é uma história que construímos e reconstruímos ao longo da vida, um conto que nos confere identidade. As histórias são uma necessidade humana. Que o diga Xerazade que se livrou de ser decapitada através dessa arte. Narrando uma história cada noite, transformou o seu próprio destino e o do rei, passando ambos de condenados a felizes. Levou 1001 noites, mas chegou lá. Pois é. Um conto pode curar a surdez. Pode até salvar vidas. Dois filmes recentes, *Histórias que Contamos*, de Sarah Polley (2012) e *Dentro de Casa*, de François Ozon (2012) refletem sobre esse tema. No primeiro, a realizado-

152 | O CÉREBRO DA POLÍTICA

ra canadiana filma a nossa necessidade de construir uma história sobre nós mesmos e sobre como, não podendo alterar o passado, podemos sempre mudar radicalmente a forma como o vemos, acabando por, de facto, mudar o passado propriamente dito. É esse o poder de uma história. O superpoder. No segundo filme, o cineasta francês reflete também sobre como sobreviver a um mundo onde as histórias são já uma espécie em vias de extinção. Sim, porque é de sobrevivência que se trata, posto que as histórias são, como referido, uma necessidade humana básica. E talvez alguns partidos políticos definhem ou não sobrevivam porque não têm história ou esqueceram-se da sua história (pelo menos de a renovar).

Muitas histórias tentam ensinar-nos uma lição, aliás são um dos grandes veículos de transmissão de valores, e as histórias políticas têm também uma moral. As nações são "comunidades imaginadas de memórias" com uma "memória pública", construída a partir das grandes narrativas dos países e das pequenas narrativas dos indivíduos (Tileaga, 2013).

Para Westen (2007), uma narrativa política eficaz deve conter os seguintes elementos:

1) Possuir a estrutura básica que o nosso cérebro reconhece como uma história, de forma a que possa ser memorizada, contada e recontada;

2) Ter protagonistas e antagonistas, definindo o que cada um representa com clareza;

3) Ser coerente e facilitar os processos de inferência e imaginação para que o enredo seja facilmente apreensível e possa avançar;

ELEITORES E CANDIDATOS | 153

4) Ter uma moral clara (e, habitualmente, morais derivadas relativas aos valores defendidos);

5) Ser vívida e memorável;

6) Ser comovente;

7) Conter elementos que sejam facilmente visualizáveis para potenciar a memoração e o efeito visual;

8) Ser rica em metáforas para que seja emocionalmente evocativa e crie/reforce analogias;

9) Incluir metáforas dos adversários, re-emolduradas;

10) Se a narrativa é a narrativa principal deve ser algo que se possa e queira contar aos filhos- clara, comovente, central para a distinção do bem e do mal.

Um quadro-síntese entre o processamento da informação política, a teoria da inteligência afetiva (ansiedade/ entusiasmo) e a boa mensagem política (sendo a história da força política a mensagem base), seria deste tipo (de lembrar, como já foi dito, que estas etapas cognitivas não têm forçosamente esta ordem):

154 | O CÉREBRO DA POLÍTICA

Processamento de Informação		Mensagem Política
Exposição à informação	a informação política terá que captar a atenção da MC (ansiedade) para conseguir ter algum efeito- terá que ser baseada em emoções e valores	Ser vívida e memorável Ser comovente Conter elementos que sejam facilmente visualizáveis
Interpretação	a nova informação deve estar ancorada em algum conhecimento armazenado na MLP para que possa fazer sentido (entusiasmo)	Possuir a estrutura básica que o nosso cérebro reconhece como uma história, de forma a que possa ser memorizada, contada e recontada; ter protagonistas e antagonistas, definindo o que cada um representa com clareza. Ser coerente e facilitar os processos de inferência e imaginação para que o enredo seja facilmente apreensível e possa avançar.
Avaliação	o indivíduo classifica essa informação tipo facebook – gosto/não gosto (entusiasmo)	Ter uma moral clara (e, habitualmente, morais derivadas relativas aos valores defendidos); se a narrativa é a narrativa principal deve ser algo que se possa e queira contar aos filhos – clara, comovente, central para a distinção do bem e do mal.
Armazenamento	só possível se ligado à rede da MLP (entusiasmo)	Ser rica em metáforas para que seja emocionalmente evocativa e crie/reforce analogias Incluir metáforas dos adversários, reemolduradas. Conter elementos que sejam facilmente visualizáveis

Portanto, a história de uma força política tem de poder passar de geração em geração, ser durável mas flexível o suficiente para ir integrando as mudanças sociais, de valores e até das leis. Nesse sentido, pode afirmar-se que a esquerda dificilmente pode maximizar os seus resultados sem ter clareza no que defende e no que critica. Aliás, esta é mesmo uma das queixas de muitos simpatizantes de esquerda que censuram o facto de os partidos socialistas na Europa se terem constituído como uma espécie de um mal menor relativamente à direita, deixando-se por ela colonizar, defendendo exatamente o mesmo mas em versão ligeira, tipo "austeridade inteligente". Portanto, nem determinam com clareza aquilo que defendem como não mostram com nitidez aquilo a que se opõem. Não têm história. São uma anti-Xerazade. A ponto de, em alguns países como a França, ser a extrema-direita a pegar em algumas bandeiras esquecidas da esquerda aglutinando-as ao seus valores xenófobos. Marine Le Pen defende a justiça social, os direitos dos trabalhadores e até os valores democráticos. Assim, faz sentido quem defende a emergência de uma outra força partidária à esquerda. Resta saber como, com que história, princípios e valores.

Comecemos com uma fábula muito simples. Todos conhecem a história dos três porquinhos que data do século XVIII. Era uma vez, o Prático, o Heitor, o Cícero e o lobo mau que os queria comer. Ao decidirem sair da casa da mãe foram construir cada um a sua própria casa. Cícero, o mais novo, construiu uma cabana de palha, Heitor fez uma casa de madeira e o Prático construiu uma casa de tijolo. Um dia, o lobo surgiu e, com um sopro forte, desfez a casa de Cícero, que fugiu para casa do Heitor. O lobo foi e com dois sopros destruiu também a cabana de madeira. Os dois fugiram para a casa de Prático. O lobo tentou derrubá-la, sem sucesso. Após muitas tentativas,

156 | O CÉREBRO DA POLÍTICA

decidiu esperar a chegada da noite. Quando anoiteceu, o lobo tentou entrar na casa descendo pela chaminé, mas Prático tinha acendido uma panela ao lume e queimou a cauda do lobo, que fugiu assustado e nunca mais voltou. Os três porquinhos viveram felizes para sempre.

Vejamos agora como é a versão da direita:

Era uma vez o Prático, o Heitor e o Cícero que era muito preguiçoso. Ao decidirem sair da casa da mãe, os dois mais novos sem a devida autorização, foram construir cada um a sua própria casa. Inicialmente, Heitor e Cícero nem queriam construir casa nenhuma, queriam viver graciosamente em casa do Prático, que não embarcou nesse abuso. Cícero construiu uma cabana de palha porque era um piegas e estava sempre na sua zona de conforto. Heitor fez uma casa de madeira porque nunca foi um empreendedor e tinha feito um curso de Humanidades. Prático construiu uma casa de tijolo, como deve ser, até porque não tinha perdido tempo a estudar Português nem Filosofia, dedicando-se sobretudo às matemáticas. Era um racional. Claro que levou muito mais tempo e enquanto trabalhava via Heitor e Cícero nas festas com a cigarra de La Fontaine. Às vezes até fumavam erva. Um dia, apareceram os mercados e, com um sopro forte, desfizeram a casa de Cícero, que fugiu para casa do Heitor. Depois, com dois sopros destruíram também a cabana de madeira. Os dois fugiram para casa de Prático. Prático não lhes abriu a porta e explicou-lhes, do lado de dentro da casa, que era bem feita, que deviam ter feito sacrifícios, não terem vivido acima das suas possibilidades e que deviam imigrar o quanto antes. O lobo – desculpem (lapsus linguae) – os mercados comeram Cícero que era preguiçoso demais até para fugir. Heitor aprendeu a sua lição, foi para Angola e agora é rico. Depois os mercados tentaram derrubar a porta de Prático. Mas não foi necessário porque o porquinho convidou-os a entrar. Juntos passaram a ir à missa todos os domingos rezar pelas alminhas dos porquinhos caídos.

A esquerda de hoje parece não ter uma versão consistente desta história. Mas podia ser qualquer coisa do tipo:

Era uma vez o Prático, o Heitor, o Cícero e o lobo mau que os queria comer. Todos quiseram sair de casa da mãe pois achavam importante ter a sua autonomia e não dependerem de ninguém. Cícero era ainda muito novinho, pouco robusto e mal tinha terminado a escolaridade obrigatória tentou construir aquilo que conseguia – uma cabana de palha. Heitor, que sempre preferiu materiais ecológicos, fez uma casa de madeira e propôs que vivessem todos juntos. Mas Prático, que era mais velho, tinha mais força e a mania que era melhor do que os outros, recusou, impediu Cícero de se juntar a Heitor e construiu uma casa de tijolo só para si. Um dia, o lobo surgiu, vestido de pele de cordeiro para tentar enganar os porquinhos, e, com um sopro forte, desfez a casa de Cícero que fugiu para casa do Heitor. O lobo foi e, com dois sopros, destruiu também a cabana de madeira. Os dois fugiram para casa de Prático que não queria nem por nada abrir a porta mas que perante a união que os dois mais novos montaram na sua soleira, com gritos de protesto e palavras de ordem, acabou por ceder e deixá-los entrar. O lobo tentou derrubá-la, sem sucesso. Após muitas tentativas, decidiu esperar a chegada da noite. Quando anoiteceu, tentou entrar na casa descendo pela chaminé, mas os porquinhos, com a palha e a madeira que tinha restado das casas destruídas, fizeram uma fogueira onde o lobo se queimou e fugiu. Prático, que estava a dormir depois de ter outra vez comido as bolotas todas sem partilhar (sono pós-prandial), acordou, percebeu o que tinha acontecido, e arrependeu-se. Os três ficaram amigos, juraram solidariedade, fizeram uma grande festa e depois viveram felizes para sempre.

5

NÓS E ELES:
PSICOLOGIA POLÍTICA DOS GRUPOS

Os grupos desempenham um papel proeminente na política. Frequentemente, são pequenos grupos que concebem propostas políticas, tomam decisões, concebem campanhas eleitorais. Grupos maiores, como o grupo de deputados à Assembleia da República, são também responsáveis por grandes decisões políticas e, claro, por produzir legislação que se aplica a grupos maiores. Depois, existem ainda grupos mais extensos como os aderentes aos partidos políticos, os filiados, e pode ainda considerar-se grupo um país ou mesmo um conjunto como a União Europeia, com as suas dinâmicas próprias, autopercepção e relações com outros (Cottam, 2010). Aliás, faz sentido que os líderes queiram tomar decisões em grupo, mais não seja porque assim ganham outra legitimidade, cobertura política (várias outras pessoas comprometem-se com a decisão, o que diminui o futuro criticismo), diversidade de opiniões e podem reduzir a tensão da decisão (Houghton, 2009).

160 | O CÉREBRO DA POLÍTICA

O estudo dos grupos é, por isso, essencial para compreender os processos políticos, donde desde já importa salientar que o resultado é mais do que a mera soma das partes. Isto é, não basta perceber o comportamento individual para entender o cérebro da política, até porque os grupos possuem padrões próprios emocionais, cognitivos e comportamentais que transformam o comportamento individual. Qualquer um de nós já observou como se pode alterar o comportamento de um indivíduo quando está só ou numa relação grupal. Daí que, por mais altruísta que uma pessoa seja, ela possa, por exemplo, passar na rua por uma criança sem abrigo e nem parar para tentar ajudar. Adiante se explicará porquê.

Claro que nem todas as coletividades humanas são grupos – cinquenta pessoas dentro do mesmo supermercado não formam um grupo e para que tal exista supõe-se que a agremiação de pessoas se autopercepciona como tendo algum grau de coerência interna. Por essa razão, aliás, e como já se viu, dificilmente se pode considerar a opinião pública um grupo. De uma maneira geral, podemos dizer que existem três tipos de grupos básicos – grupos de intimidade (como a família, os amigos chegados), grupos de tarefa (como membros de um clube de leitura) e os grupos de categorização, maiores que os anteriores mas de mais baixa interação como "mulheres", "brancos", "católicos" (Cottam, 2010). A categorização social é fundamental para perceber o relacionamento entre grupos porque tem um papel crucial nos preconceitos e estereótipos (Duckitt, 2003).

O poder dos estereótipos é profundo. Por exemplo, mulheres asiáticas-americanas apresentam melhores resultados nos testes de matemática quando se enfatiza a sua identidade asiática do que quando não se enfatiza capacidade nenhuma (estereótipo: os asiáticos são bons

NÓS E ELES: PSICOLOGIA POLÍTICA DOS GRUPOS | 161

a matemática) (Shih, 1999). Pelo contrário, quando se enfatizava a sua identidade feminina, essas mulheres obtinham piores resultados nesses testes de matemática (estereótipo: as mulheres são más a matemática). Estas e outras experiências sobre a ameaça do estereótipo mostram esse poder de forma cristalina. A ameaça do estereótipo dá-se quando a pessoa está numa situação que tem o potencial para confirmar o estereótipo negativo sobre o grupo a que pertence. Essa ameaça reduz a performance dos indivíduos que pertencem a grupos negativamente estereotipados. E o indivíduo nem sequer tem de concordar com o estereótipo para que esses efeitos adversos possam ocorrer. O mecanismo através do qual a ansiedade, induzida pela ativação do estereótipo, diminui a capacidade é através da sua interferência com as emoções, num processo não consciente [6]. Já que muitas pessoas pertencem pelo menos a um grupo que

---

[6] Hoje pensa-se que o poder do estereótipo está associado a três factores: ativação do *stress*, diminuição da atenção e esforços para suprimir emoções e pensamentos negativos. Portanto, trata-se de um processo não consciente. Já se sabe que os processos conscientes são muito limitados e de recursos escassos – quando as pessoas estão ocupadas com outras tarefas como a autoconsciência da tarefa e a tentativa de evitar pensamentos negativos, é provável que apresentem um pior desempenho. O recurso a investigações fisiológicas e neurológicas sustenta esta tese. Por exemplo, um estudo revela que os afro-americanos sob ameaça do estereótipo apresentam grandes aumentos na sua pressão arterial. Outros estudos mostram aumento da atividade cardíaca. A ameaça do estereótipo ativa também uma resposta neuro-endócrina de *stress*, medida através dos níveis de cortisol. Já a neurociência revela, através de eletroencefalogramas, que os indivíduos sob ameaça do estereótipo revelam maior vigilância perante a tarefa. Já usando a ressonância magnética percebe-se que as mulheres a fazerem um teste de matemática revelam maior ativação numa área do córtex cingulado anterior, uma região associada com o processamento emocional e social, sendo que o aumento dessa ativação permitia prever o abaixamento da sua *performance*.

162 | O CÉREBRO DA POLÍTICA

é negativamente estereotipado (à exceção, talvez, do homem branco heterossexual, novo e rico), a maioria está exposta a esta ameaça do estereótipo. Assim, o estereótipo pode levar a um círculo vicioso de baixa confiança, má performance e perca de interesse.

Portanto, sempre que as instruções para o cumprimento de uma tarefa ativam o estereótipo, as pessoas desse grupo entendido como "inferior" apresentam piores resultados. Existem centenas de experiências diferentes conduzidas para avaliar o efeito da ameaça do estereótipo, nomeadamente com estereótipos raciais, de género, étnicos ou etários. Por exemplo, uma experiência de Rothgerber & Wolsiefer (2014) com jogadoras de xadrez mostra como elas têm piores resultados quando lhes era dito que iam jogar contra homens (estereótipo: as mulheres jogam mal xadrez). Pelo contrário, quando enfrentavam adversárias mulheres jogavam de acordo com o que seria de esperar segundo um teste de *performance*. Aliás, a simples presença de outras pessoas pode precipitar a ameaça do estereótipo. Numa outra experiência, mulheres que faziam um teste de matemática (estereótipo: as mulheres não são boas a matemática) na presença de outras mulheres, obtinham um resultado de 70% de respostas certas. Já mulheres que faziam o mesmo teste na presença de homens, baixavam o resultado para 55%.

Mas os estereótipos também podem melhorar a *performance* do indivíduo se o estereótipo associado for positivo, como mostra a experiência que ora imprime a condição de asiática, ora imprime a de mulher. A ameaça do estereótipo pode não apenas afetar a *performance* como também comprometer a capacidade de aprender nova informação, sentimentos de autoculpabilização, afastamento de grupos negativamente estereotipados e de situações percebidas como ameaçadoras. A desi-

NÓS E ELES: PSICOLOGIA POLÍTICA DOS GRUPOS | 163

dentificação do grupo é uma estratégia para a proteção do eu. Outras pesquisas mostram como existem efeitos da ameaça do estereótipo a longo prazo. Ou seja, em algumas circunstâncias, e mesmo já depois de a situação ameaçadora se extinguir, algumas pessoas revelam ainda sinais como agressividade aumentada ou propensão para o risco, depressão, ansiedade.

Voltemos aos tipos de grupos – de intimidade, de tarefa e de categorização. Claro que cada um destes grupos responde a necessidades diferentes. Os grupos de intimidade respondem à necessidade de afiliação, os de tarefa à de realização e os de categorização à necessidade de identidade. Estes conceitos simples podem ajudar a entender porque é que as pessoas procuram certos grupos, que necessidades precisam de preencher, ou porque podem estar insatisfeitas com determinado grupo – por exemplo se pertencem a um grupo de amigos para satisfazer as suas necessidades de realização.

Se nos centrarmos um pouco mais nesta faceta funcional dos grupos, facilmente perceberemos que os grupos podem satisfazer necessidades básicas de sobrevivência como alimentação ou defesa, ou necessidades psicológicas, como as já mencionadas – necessidade de filiação (inclusão), intimidade (afeto), necessidade de poder/controlo. Os grupos podem ainda preencher necessidades interpessoais como apoio social, emocional, conselhos ou *feedback* ou necessidades coletivas como cumprimento de certas tarefas.

Os grupos políticos são grupos de tarefa, sejam eles partidos políticos ou a comissão de Educação da Assembleia da República. Mas também podem ser grupos de categorização como grupos étnicos. Portanto, podemos definir grupo social como um conjunto de indivíduos que se atuo-percepcionam como pertencendo à mesma

164 | O CÉREBRO DA POLÍTICA

categoria social, partilham algum envolvimento emocional nesta definição deles mesmos e alcançam algum grau de consenso sobre a avaliação do seu grupo e pertença (Tajfel & Turner, 2004). Os grupos sistematizam o mundo social e disponibilizam aos sujeitos uma referência, uma localização e identificação social, uma identidade social. As pessoas procuram um autoconceito positivo que associam a certos grupos, por comparação a outros (percepcionados mais negativamente). Quando a identidade social é percepcionada como insatisfatória ou tentam melhorar o seu grupo ou mudam de grupo (o que largamente depende das crenças sobre mobilidade social e mudança social). Note-se que se os grupos são percebidos como superiores, as pessoas identificam-se automaticamente com eles e rapidamente desenvolvem preconceitos relativamente ao outro grupo. Ainda teremos oportunidade para melhor desenvolver este aspeto. Para já, atente na seguinte experiência: inspirada pelo assassinato de Martin Luther King, a professora Jane Elliot criou um exercício para ajudar os seus alunos brancos a melhor entenderem as consequências do racismo. Dividiu a classe em dois grupos: os estudantes de olhos azuis e os de olhos castanhos. No primeiro dia, classificou os de olhos azuis como sendo o grupo superior e atribuiu-lhes privilégios, enquanto as crianças com olhos castanhos representavam o grupo minoritário. Jane Elliot desencorajou então a interação entre os grupos e logo reparou em mudanças no comportamento dos alunos. Os de olhos azuis atingiam melhores resultados escolares e alguns começaram a provocar/agredir os de olhos castanhos. Estes apresentavam uma mais baixa auto-estima e pior *performance* escolar. No dia seguinte, a professora inverteu os papéis e transformou os alunos de olhos azuis no grupo minoritário, atribuindo privilégios aos de olhos castanhos.

Uma questão que se deve desde já colocar, contudo, é a razão pela qual algumas pessoas desenvolvem fortes pertenças e identificações grupais e outras não. Na verdade, o que se sabe é que existem motivos de diversas ordens. Primeiro, os indivíduos com personalidades autoritárias tendem a viver a pertença grupal como mais importante (Huddy, 2003). Da mesma forma, indivíduos que apresentam grande necessidade de confirmação das suas atitudes, percepções e comportamentos mais facilmente procuram a pertença grupal. As pesquisas de laboratório de facto mostram que pessoas com traços como etnocentrismo, fecho à experiência e intolerância à dúvida mostravam-se mais dispostas a adoptar uma atitude pró-grupo. Por outro lado, sabe-se que indivíduos pertencentes a minorias desenvolvem uma identificação grupal mais forte. As minorias são, de resto, o melhor caso para ilustrar o efeito da designada "identidade saliente". Esse fenómeno faz com que, por exemplo, as crianças em minoria étnica numa sala de aula mais provavelmente se descrevam a si mesmas em termos étnicos ou que as crianças de uma família onde um dos géneros é muito mais numeroso, se descrevam a si mesmas em termos de género. O mesmo acontece em grupos políticos e tem consequências para essa atividade. A probabilidade de homens e mulheres não feministas se descreverem como feministas cai depois de lerem um texto com referências explícitas ao feminismo, por exemplo (Huddy, 2003).

Aliás, a "identidade saliente" é um fenómeno essencial para compreender a coesão nos grupos políticos, na medida em que não apenas intensifica a sua identidade como enfatiza a ligação entre identidade e políticas. Por exemplo, sabe-se que as pessoas tendem mais a identificar-se com um determinado partido se existir um candidato desse partido na sua zona (região ou distrito de residên-

166 | O CÉREBRO DA POLÍTICA

cia), da mesma forma que a existência de mulheres em cargos políticos faz com que as mulheres mais facilmente apoiem causas femininas.

Geralmente as pessoas tendem a fazer parte e constituir pequenos grupos, de três pessoas. Têm razão. Os grupos maiores não possibilitam tanto a participação individual, são menos regulares, são de difícil coordenação, logo de pior *performance*. Os grupos também podem diferir por via da sua composição ou como resultado das características de cada elemento. A diversidade dentro dos grupos faz com que aumentem os conflitos e se verifiquem menos interações, todavia melhora a *performance* do grupo, a sua flexibilidade, capacidade de inovação e, não menos importante, a quantidade e qualidade das relações fora do grupo (Cottam, 2010).

Já a estrutura do grupo tende a desenvolver-se rapidamente e a não mudar ([7]), incluindo aspetos como o

---

([7]) Os grupos desenvolvem-se habitualmente passando pelas seguintes fases: formação, ebulição, normatização, execução e dissolução. Na formação ou orientação do grupo, os seus elementos procuram situar-se e conhecer-se. Nesta fase, a tensão costuma ser elevada e, habitualmente, corresponde ao período no qual se verificam mais "desistências", se bem que os sentimentos de interdependência comecem a estabelecer-se. Em alguns casos, como grupos terroristas, o próprio grupo procede a uma criteriosa seleção das adesões. Na fase de ebulição, como o próprio nome indica, eclodem os conflitos, seja por incumprimento de regras ou pequenas divergências. O conflito pode ser disruptivo mas é essencial para o desenvolvimento do grupo, promovendo a sua unidade, estabilidade, dependência e coesão (Cottam, 2010). A fase da normatização é colorida, sobretudo, por essas últimas características. Aprofundam-se as relações entre os membros, a unidade, sentimento de pertença, identificação e estabilidade. A pressão para a conformidade é elevada. O quarto estádio, a execução, só sucede quando se verificaram os anteriores (sendo que um grupo pode ficar bloqueado nas primeiras fases). Por fim, a dissolução. Se planeada, supõe que o grupo atingiu os seus objetivos ou esgotou os seus

NÓS E ELES: PSICOLOGIA POLÍTICA DOS GRUPOS | 167

estatuto ([8]), os papéis, regras e coesão ([9]). Para além das funções que os grupos desempenham, é de realçar que as pessoas tendem a juntar-se a outras que são similares em atitudes, estatuto socioeconómico ou aparência física, que vivem/trabalham perto (vizinho, colega de carteira), de afetos recíprocos (que também gostem de nós) e de boa aparência física (à exceção de pessoas que são extremamente atraentes, as atraentes tendem a ser mais aceites do que as menos atraentes) (Cottam, 2010). Quando as pessoas estão em grupo têm grande tendência em aderir às normas do grupo. As referidas experiências de Asch são um excelente exemplo da pressão para o conformismo que um grupo exerce. Outra experiência interessante foi a desenvolvida por Muzafer Sherif, utilizando o efeito auto-cinético, a ilusão de percepção que ocorre quando parece que um único ponto de luz

---

recursos – por exemplo, concluiu a tarefa a que se propunha. Já a dissolução espontânea dá-se quando surgem problemas inesperados, seja o falhanço em responder às necessidades dos seus elementos seja por acumulação de fracassos (Cottam, 2010).

([8]) O estatuto refere-se à distribuição de poder e pode ser facilmente avaliado pelo comportamento não verbal (postura, olhar) e verbal (participações mais comuns, mais interrupções e solicitações). Do estatuto adquirido (pelas características pessoais) dificilmente se abdica, posto que ele traz sempre recompensas. Já as regras podem ser previamente instituídas, definidas depois de acontecerem (o comportamento mais usual vira norma) ou pelas expectativas que cada um tem. Certo é que, uma vez instituídas, dificilmente se alteram. A pressão para a manutenção das regras, na família, no trabalho é enorme. E mais uma vez com razão, já que a pesquisa mostra que a regularidade e consistência nas regras beneficia a performance do grupo.

([9]) A coesão diz respeito à capacidade de se manterem juntos e tem profundos efeitos na longevidade do grupo. São variáveis favoráveis à coesão: o tempo despendido em conjunto, os afetos positivos entre os elementos; a gratificação que cada um tem com essa pertença; baixas ameaças externas; líderes que encorajam interações amigáveis.

168 | O CÉREBRO DA POLÍTICA

num quarto escuro está em movimento. Ao colocar várias pessoas nessa situação, verificou-se que, se inicialmente as respostas divergiam, rapidamente se formava uma resposta única semelhante para todos, mostrando como as normas se formam. Noutra série com o mesmo dispositivo, Sherif juntou pares de pessoas, sendo que uma delas era um falso participante (seu colaborador) que fazia ora estimativas mais altas, ora mais baixas. Às quais o participante verdadeiro se ia acomodando.

Mas porque é que as pessoas se conformam? Por duas ordens de razões principais: para serem amadas e/ou para estarem certas (Cottam, 2010). No fundo, pelas mesmas razões pelas quais as pessoas procuram o poder: afiliação/poder em si mesmo. A principal diferença entre as experiência de Asch e as de Sherif é que nas primeiras não há nenhuma situação ambígua (a resposta de qual o segmento de reta é mais que evidente), ao passo que na segunda há ambivalência. Assim, nos experimentos de Asch as pessoas conformavam-se porque queriam ser amadas/gostadas/aceites, o que se designa de influência social normativa, enquanto que nas do investigador turco-americano queriam estar certas, fenómeno que se designa por influência social informacional.

O conformismo ao grupo depende de vários fatores. Um deles é o seu tamanho, sendo que a conformidade aumenta até ao grupo ter 8 elementos. Um grupo com 4 elementos exerce menos pressão do que um de 7 e um grupo de 12 exerce menos pressão do que um de 8. A unanimidade, como vimos através das experiências de Asch, é outro aspeto que reforça o conformismo. Quanto maior for o grau de compromisso ao grupo, maior o conformismo. Por fim, há a destacar que quanto maior a individuação, o desejo de se diferenciar dos outros, menor o conformismo.

Portanto, como já vimos, podem existir dissidentes nos grupos. As experiências de Asch, Milgram e Sherif também o demonstram. Resta saber qual o seu poder. Qual é o poder das minorias? A sua influência depende da consistência da sua oposição (sendo percepcionados como honestos e competentes), da capacidade de refutar os argumentos da maioria, do relevo do tema em disputa para a maioria (tem de ser pouco importante para a minoria vencer) e se maioria e minoria forem muito semelhantes à maioria excepto no tema em desacordo (Cottam, 2010). Por exemplo, é mais fácil uma fação do PSD convencer a liderança desse partido a mudar a sua posição relativamente à dívida pública do que uma fação de o PS fazê-lo. Por outro lado, a pesquisa demonstra que a existência de minorias dentro de um grupo melhora a sua *performance*.

A *performance* dos grupos não é sempre melhor que a *performance* individual, nem a *performance* individual melhora sempre em grupo. O efeito do espetador mostra-o claramente. Trata-se de um fenómeno psicológico que se refere aos casos em que os indivíduos não oferecem ajuda a uma vítima quando há outras pessoas presentes. Quanto mais espetadores, menor a probabilidade de auxílio. Este efeito foi descoberto por John Darley e Bibb Latané numa experiência que, atualmente, não seria considerada ética: os participantes ou estão sozinhos ou estão em grupos e é encenada uma situação de emergência. Os investigadores cronometram então o tempo que os participantes levam a intervir, concluindo que a presença dos outros inibe a prestação de auxílio. Por exemplo, no caso encenado de uma mulher que cai e se magoa, 70% dos participantes que estavam sozinhos pediram ajuda. Mas quando estavam outras pessoas na sala, apenas 40% se disponibilizaram para ajudar. Entre os vários factores que afetam o efeito do espetador, como o grau de urgência percepcionado ou familiaridade com o ambiente, hoje sabe-se que, por exemplo, o altruísmo aumenta quando o outro é percebido como semelhante e que ocorre frequentemente o fenómeno da dispersão da responsabilidade, ou seja, o indivíduo não toma a responsabilidade porque assume que outros a tomarão. Seja como for, experimentar uma menor eficiência em grupo é muito comum. Por exemplo, muitas pessoas acham que o seu ensaio de uma palestra ou de uma apresentação em casa é melhor do que quando falam em grupo. Pelo contrário, por vezes o indivíduo produz mais e com mais qualidade quando está em grupo. O primeiro fenómeno chama-se inibição social e o segundo designa-se facilitação social. A pesquisa mostra que a presença dos outros facilita em tarefas simples para o indivíduo e dificulta em tarefas complicadas. Por outro lado, as pessoas tendem a esforçar-se menos em grupo do que individualmente, o que pode ser contornado atribuindo papéis e funções muito claras a cada elemento, conferidas tarefas que cada um considera interessantes e se existir co-responsabilização pelos resultados. Sabe-se ainda que se os grupos têm oportunidades para discutir a sua produtividade e/ou se funcionam em autogestão, controlando como as tarefas são desempenhadas, as quebras de produtividade diminuem (Cottam, 2010).

Importa agora considerar como é que os grupos tomam decisões. Já se sublinhou, revendo a cognição humana, que as pessoas veem e ouvem aquilo que querem ver e ouvir, o que representa um grande problema para o sistema judicial. No filme *12 Homens em Fúria*, de Sidney Lumet (1957), um adolescente hispânico foi julgado pelo assassinato do seu pai e o veredicto encontra-se agora nas mãos dos jurados. A sentença de culpado

NÓS E ELES: PSICOLOGIA POLÍTICA DOS GRUPOS | 171

enviará o rapaz para a cadeira eléctrica. A decisão parece ser simples e não oferecer dúvidas, mas o jurado número 8 (Henry Fonda), apesar de achar que o mais provável é o rapaz ser culpado, entende que a história exige uma revisão séria antes de o júri entregar o seu veredicto final. Esta sugestão do jurado nº 8 desassossega muitos outros na sala que entendem que os factos são óbvios. À medida que vão examinando os testemunhos e outros dados, as suas personalidades, experiências, enviesamentos vão formando e deformando a deliberação, umas vezes a favor do réu, outras contra. Uns porque desconfiam da capacidade de visão da testemunha ocular, outros porque cresceram num bairro problemático e questionam o tipo de ferimento que o adolescente terá feito ao pai, pendem a favor da dúvida. Outros, porque estão consumidos pelos seus preconceitos ou tiveram experiências negativas com adolescentes, pendem a favor da culpa. Mas um a um, os jurados vão mudando de opinião, decidindo que o rapaz não é culpado. Nem deve ser condenado à pena de morte.

Os esquemas de decisão social são a forma como os grupos combinam as preferências de todos os membros para chegar a uma decisão coletiva. O grupo pode empregar a regra de "vence a maioria"; pode optar pela estratégia "vence a verdade", à qual se chega discutindo factos e não opiniões; ou ainda pelo "vence o primeiro", optando o grupo por seguir a primeira mudança de opinião. *12 Homens em Fúria* ilustra bem estas duas últimas estratégias.

Todavia, e como sublinhado, os potenciais benefícios da decisão grupal podem ser anulados por processos patológicos dos grupos, como a anedota norte-americana "um camelo é um cavalo de corrida concebido por uma comissão (parlamentar)" (Houghton, 2009).

172 | O CÉREBRO DA POLÍTICA

Em maio de 2013, iniciou-se uma crise que viria a ter um desfecho – insólito e parcial – em Julho desse ano. E que ilustra bem esses processos patológicos grupais. Tudo começou com a sétima avaliação da *troika*, embora as demissões de Vítor Gaspar e Paulo Portas fizessem com que atingisse o auge. Os cortes de despesa pública que a *troika* pretendia impor passavam por uma redução dos gastos com salários e pensões. Se nos salários se optou por um programa de rescisões na Função Pública, nas pensões era aplicado um corte a mais de três milhões de reformados, a TSU dos pensionistas, recusada por Portas. Esse veto surge na carta de demissão de Gaspar que o aponta como uma das razões para sair do executivo: \"A ausência de um mandato para concluir atempadamente o sétimo exame regular não me permite agora continuar a liderar a equipa que conduz as negociações com o objectivo de melhor proteger os interesses de Portugal". No dia seguinte, Portas anunciou a sua demissão de ministro por discordar da escolha de "continuidade" que representava Maria Luís Albuquerque no Ministério das Finanças. Uma demissão que disse ser "irrevogável", palavra que o comunicado do partido repetiu quando no dia seguinte reuniu o núcleo duro de Portas.

Cavaco Silva tentou um acordo que envolvesse os três partidos, propôs até eleições antecipadas e classificou a crise como "um dos momentos mais difíceis da História do regime democrático", exortando um "compromisso de salvação nacional" entre PSD, PS e CDS. Passados uns dias, o PS nomeou os seus negociadores, PSD e CDS fizeram o mesmo. Estavam definidos os "advogados" de cada uma das partes. O diálogo interpartidário começou a 14 de julho. A presidência nomeou como "observador" David Justino. A 21 de julho, o PS anunciou que não havia acordo. Dois dias depois, Cavaco Silva confirmou que

NÓS E ELES: PSICOLOGIA POLÍTICA DOS GRUPOS | 173

não havia acordo mas que também não haveria eleições antecipadas. As negociações falharam por uma série de fatores, uns evidentes, outros ainda hoje por esclarecer, pois Cavaco Silva parecia surpreendido com o seu insucesso. Porque foram as negociações um fracasso? Provavelmente, por uma miríade de razões, muitas das quais ainda opacas. Mas havia elementos públicos suficientes para prever que as negociações falhariam. Um grupo com elevados níveis de *stress* e ruturas terá sempre muitas dificuldades. Cavaco Silva tentou saná-las com uma técnica básica, de pouco sucesso, ainda por cima mal aplicada. Existem várias técnicas em Psicologia Política para melhorar a *performance* dos grupos. Duas das mais utilizadas são o advogado do diabo e o advogado de custódia. No primeiro caso, garante-se que no grupo várias pessoas têm o papel de defender pontos de vista diferentes, assegurando a pluralidade e melhorando a capacidade de construir alternativas. No segundo caso, designa-se alguém que, com um papel semelhante a um moderador, garante que todas as partes são escutadas. Quem desempenha esse papel deve ter, portanto, uma neutralidade evidente, razão pela qual não é uma opção muito usada – um primeiro-ministro ou um presidente da República terão evidentes dificuldades em nomear alguém para esse papel. Seja como for, David Justino foi um erro de *casting* crasso. Afinal, trata-se de alguém militante do PSD, que foi vereador, deputado e ministro por esse partido. Imediatamente após as negociações abortarem, David Justino recusou qualquer responsabilidade no processo. Um dia depois foi indicado para a presidência do Conselho Nacional de Educação. A escolha deste agente político esclarece, ainda que apenas muito parcialmente, as razões do insucesso do compromisso proposto por Cavaco Silva.

174 | O CÉREBRO DA POLÍTICA

Esta crise do verão de 2013 comporta também alguns aspetos da patologia do funcionamento dos grupos, como referido. Em primeiro lugar, a aliança PSD-CDS constitui uma coligação. Não uma coligação no sentido político comum, mas uma coligação tal como a concebe a Psicologia Política. Estas coligações supõem que um conjunto de pessoas com pontos de vista diferentes em assuntos fundamentais, une-se para lidar com uma questão e com o propósito de atingir um objetivo claro. Portanto, tanto se verifica competição como cooperação.

Por fim, a coligação tem sempre adversários: ela é formada para garantir que, no final, fica-se melhor e um outro grupo fica pior. Podem formar-se coligações na expectativa de que investindo recursos iguais, o poder será igualmente distribuído por todos. Ou na expectativa de que aquele que investe mais recursos é o que terá mais poder - sendo que recursos aqui significa a capacidade de transformar uma coligação derrotada numa vencedora. Ou seja, tem mais poder aquele cuja saída prejudicar mais o resultado da coligação. Primeiro, a coligação PSD--CDS tem tanto de cooperação como de competição, foi formada para garantir o bloqueio do PS, supostamente o que investiu mais recursos (PSD) sair-se-á melhor. Daí que para o CDS sair seja um dilema, uma decisão tão difícil que deu origem à cisão de Paulo Portas, que primeiro era irreversível e depois foi reconsiderada. Aparentemente, quem tem o poder de destruir a coligação é o vice primeiro-ministro. Na verdade, quem o tem é Passos Coelho. Daí que, em futuras eleições, o CDS possa sentir que será penalizado de qualquer maneira: se concorrer coligado pode dissolver-se na medida em que perde a sua identidade, se concorrer sozinho pode dissolver-se na mesma porque poderá ser fortemente castigado nas urnas.

NÓS E ELES: PSICOLOGIA POLÍTICA DOS GRUPOS | 175

O conflito grupal pode surgir por muitas razões. O dilema social é uma delas. Terá Paulo Portas tido um dilema desses? Certo é que tinha entre mãos uma outra razão pela qual os conflitos grupais surgem – quando tanto existem motivações para cooperar como motivações para competir. O dilema do prisioneiro é um clássico desta situação. Neste jogo, formulado por Merril Flood e Melvin Dresher, dão-se indicações deste tipo: *"Vocês são os suspeitos, A e B, presos pela polícia. A polícia tem provas insuficientes para vos condenar mas propõe a ambos o mesmo acordo: se um de vocês confessar, testemunhando contra o outro e esse outro permanecer em silêncio, o que confessou sai em liberdade enquanto o cúmplice cumpre 10 anos de sentença. Se ambos ficarem em silêncio, a polícia só pode condená-los a 6 meses cada um. Se ambos traírem o outro, cada um leva 5 anos de cadeia."* Depois, cada prisioneiro faz a sua decisão sem saber que decisão o outro vai tomar. Nenhum tem certeza da decisão do outro. A questão é que para ter o mínimo tempo de prisão tem de se confiar que o outro também não confessa.

	Prisioneiro "B" nega	Prisioneiro "B" confessa
Prisioneiro "A" nega	Ambos são condenados a 6 meses	"A" é condenado a 10 anos; "B" sai livre
Prisioneiro "A" confessa	"A" sai livre; "B" é condenado a 10 anos	Ambos são condenados a 5 anos

Pensando-se pela perspetiva do interesse óptimo do grupo (o conjunto dos dois prisioneiros), o resultado correto seria que ambos cooperassem, já que isto reduziria o tempo total de pena do grupo a um total de um ano.

176 | O CÉREBRO DA POLÍTICA

Se não houver perspetiva de grupo, a cooperação baixará, naturalmente.

Os conflitos grupais surgem por várias razões, como foi dito. Uma das principais é a atribuição, quando um dos elementos do grupo atribui ao outro causas explicativas do seu comportamento. No dilema do prisioneiro, o elemento A pode achar que o outro não coopera porque é mau. Mas os seus motivos podem ser vários, desde não perceber o jogo, a ter recebido ordens para ser competitivo. Como já se mencionou, isto leva ao erro atribucional fundamental, que desconsidera a situação e apenas atenta no carácter (disposição do outro). A capacidade comunicativa no grupo também é essencial, sendo que a comunicação negativa é uma das possíveis razões para a escalada do conflito (escalada simétrica). Por outro lado, se existir uma escalada de compromisso, e sobretudo, se o grupo estiver a ser atacado, o conflito pode explodir. Escalada de compromisso foi a forma que a coligação encontrou para resolver a crise, uma espécie de fuga em frente.

A escalada do compromisso (antagónica à já referida escalada simétrica) surge quando o grupo está envolvido numa sequência de decisões, já teve perdas e custos significativos mas, mesmo assim, decide investir ainda mais recursos, tempo e esforço. De fato, a coligação PSD-CDS estava envolvida numa série de decisões difíceis, já tinha tido perdas significativas (desde apoiantes a Vítor Gaspar) mas, mesmo assim, decidiu investir ainda mais (um dos elementos da coligação passa de demissionário a vice-primeiro-ministro). A escalada de compromisso acontece sobretudo se o grupo percebe as suas perdas como resultantes de causas apenas temporárias, o custo futuro de realizar o projeto como baixo, se os investimentos iniciais deram grande retorno e as expectativas de retorno futuro são elevadas (Cottam, 2010). É evidente que a coligação já teve grande retorno passado com o poder que alcançou e tem expetativas de ganhos eleitorais futuros (por mais que Passos Coelho – que enfrenta três atos eleitorais no seu mandato: autárquicas, europeias e presidenciais – afirme "que se lixem as eleições").

Claro que na escalada de compromisso interferem erros de processamento de informação, mecanismos de autojustificação (justificar os seus próprios interesses e decisões) e justificação grupal (justificar as ações e interesses dos colegas do grupo) nos quais terminar o projeto é uma forma de legitimar desde logo o envolvimento inicial e de não perder a face.

Aliás, depois da crise, todo o país assistiu aos principais agentes políticos envolvidos a justificarem-se. Cavaco Silva afirmou que o grande ganho tinha sido expandir as possibilidades do diálogo interpartidário; Passos Coelho invocou qualquer coisa como os "interesses do país" e, Paulo Portas, depois de um longo período de silêncio, procurou justificar-se. Vejamos o que diz o jornal *i* de Janeiro de 2014 ([10]) sobre esse episódio: "Um dos momentos mais aguardados do congresso do CDS-PP era a justificação de Paulo Portas relativamente à sua "irrevogável" demissão (...) No final da manhã (...), o líder centrista e vice-primeiro-ministro, Paulo Portas, afirmou que a crise política do verão acabou por resultar num Governo "mais forte" e que "a economia beneficia com isso", sustentando que "o que teve de ser teve muita força"."

Ora, se é verdade que ambos os tipos de justificação (auto e grupal) são formas de os indivíduos manterem o *status quo*, os estereótipos servem como a base para a

---

([10]) http://www.ionline.pt/artigos/portugal-congresso-cds/militantes-divididos-quanto-justificacao-portas-sobre-demissao

178 | O CÉREBRO DA POLÍTICA

justificação do sistema (Jost & Banaji, 2004). "O que teve que ser teve muita força" fala por si. Mas num aspeto particular, Paulo Portas revelou a verdade: "o governo sai mais forte". Ou pelo menos sai aparentemente mais forte já que, na verdade, parece agora funcionar num modo patológico que a Psicologia Política designa por pensamento grupal mas que confere extrema determinação ao grupo.

O pensamento grupal é um pensamento irracional que emerge do grupo e que pode, nomeadamente em política, ser extremamente perigoso. O fundador deste conceito, Irving Janis (1982), definiu-o como "um processo através do qual um grupo chega a um consenso apressado ou prematuro, tornando-se depois fechado a ideias externas". Para o pensamento grupal contribuem fatores como (Houghton, 2009):

1. Excessiva coesão;

2. Isolamento do grupo de conselhos externos (o grupo não permite que elementos que não lhe pertencem possam contribuir com opiniões);

3. Liderança agressiva e marcadamente opinativa (o líder enfatiza de tal forma a sua posição que asfixia o espaço da discussão);

4. Ausência de normas que remetam para procedimentos metodológicos (o grupo não tem regras que permitam a consideração das várias opções de forma estruturada);

NÓS E ELES: PSICOLOGIA POLÍTICA DOS GRUPOS | 179

5. Homogeneidade do histórico/ideologia dos seus membros (pessoas com antecedentes sociais e económicos semelhantes);

6. Elevados níveis de *stress* (nomeadamente as situações que requerem respostas rápidas);

Já os sintomas do pensamento grupal podem ser assim sistematizados e aplicados

1) Ilusão de invulnerabilidade – o grupo desenvolve um excessivo optimismo que encoraja correr riscos;

2) Racionalização coletiva – os membros relativizam avisos/sinais e são incapazes de rever as suas ideias nucleares;

3) Crença na moralidade intrínseca do grupo – os elementos creem na "certeza moral" das suas causas e não conseguem ver as consequências éticas das suas decisões;

4) Visões estereotipadas dos outros grupos – desenvolve-se uma visão negativa se simplista do adversário;

5) Alta pressão sobre os dissidentes;

6) Autocensura – os membros são incapazes de expressar as suas dúvidas quanto ao consenso formado;

7) Ilusão de unanimidade – assume-se que a perspetiva da maioria é unânime, quando na verdade vários elementos do grupo têm dúvidas;

180 | O CÉREBRO DA POLÍTICA

8) Emergência de "Guardiões da Mente" – membros autopropostos que tomam como missão proteger o grupo e os demais elementos de pontos de vista e informação que possam desafiar o consenso grupal.

O pensamento grupal aplica-se ao estado da coligação em janeiro de 2014 visto que atualmente a coligação apresenta ilusão de invulnerabilidade – a coligação comporta-se desde então de um modo especialmente optimista, particularmente no que aos indicadores económicos diz respeito; racionalização coletiva – não há mostras nenhumas, evidentemente, de que estejam dispostos a rever as suas ideias nucleares, antes pelo contrário, e tendem a relativizar avisos/sinais; crença na moralidade intrínseca do grupo – qualquer análise elementar dos discursos políticos de Portas e Passos atesta que creem na "certeza moral" das suas causas e não conseguem ver as consequências éticas das suas decisões; autocensura – nunca mais se ouviu Portas a debitar uma palavra que fosse a favor de pensionistas e reformados.

O conceito de pensamento grupal não é isento de críticas metodológicas, entre outras, mas tem sido ainda assim muito profícuo. Outra noção relevante para a Psicologia Política dos grupos é a de síndroma neogrupal que coloca a tónica no início do grupo e na criação da sua dinâmica. Sabe-se que, sobretudo na fase de formação grupal, a ausência de um líder claro e de regras/normas e papéis consistentes, o grupo tenderá a evoluir de modo patológico, para a excessiva coesão ou conflito.

Ainda neste âmbito, há a considerar a manipulação e a polarização grupal. Um líder manipulativo pode levar um grupo a tomar uma decisão que não adotaria noutras circunstâncias. A manipulação segue, geralmente, três estratégias básicas: 1) a formação de alianças de modo a colocar em lugares-chave quem toma a posição do líder – mudança na estrutura; 2) a mudança de agenda e temas do grupo de modo favorável – mudança nos procedimentos; 3) manipulação das relações com os membros dos grupos, quer formal quer informalmente, de forma a influenciar as suas decisões. Já a polarização grupal refere-se ao fenómeno das posições dos membros dos grupos serem mais extremadas antes da discussão do que depois da discussão (seja no sentido de arriscadas, seja no sentido de cautelosas). Politicamente as emoções jogam um papel determinante também nos grupos. O grupo ou partido de pertença tenderá a aumentar e a intensificar as emoções, bem como os acontecimentos inesperados. Já os outros grupos/partidos tendem a ser vividos emocionalmente de modo negativo e estereotipado. Contudo, o "colega" de grupo recebe invariavelmente emoções mais intensas. Isto é, se tem uma ação positiva é avaliado mais favoravelmente do que um membro de outro grupo com exatamente a mesma ação, da mesma maneira que se for negativa é avaliado mais desfavoravelmente do que um membro de outro grupo precisamente com a mesma ação. Como nota Cottam (2010), assim se gera o "efeito ovelha negra" no qual o grupo, ao denegrir ou expulsar um dos seus elementos, procura manter o seu sentimento de coerência ou de identidade social positiva, de um nós puro.

Seguindo este princípio elementar, Cottam (2010) propõe uma sistematização dos tipos de adversário que os sujeitos políticos emocionalmente percepcionam.

1) O primeiro é o **inimigo diabólico**. Esta imagem forma-se quando o adversário é percebido como ameaçador e com emoções muito intensas, sendo percecionado como equivalente nas suas capacidades e cultura. Na sua forma mais extrema, o inimigo diabólico é visto

182 | O CÉREBRO DA POLÍTICA

como irremediavelmente agressivo e altamente racional nas suas decisões, sendo capaz de elaborar intrincadas conspirações. Este estado emocional, marcado pela raiva, frustração, inveja, ressentimento, medo e desconfiança, não admite nuances e todos aqueles que desenvolvem perspectivas menos maniqueístas sobre o adversário serão também considerados ou traidores ou inimigos. Como consequência, afunilam-se profundamente as possibilidades de diálogo ou, se necessário, de contornar uma crise.

Esta estereotipização do adversário pode levar a uma profecia que se autocumpre, na medida em que quem é categorizado como um inimigo diabólico sentir-se-á agredido e pode acabar por comportar-se como a imagem que lhe é devolvida no espelho. Assim, facilmente se pode entrar numa escalada simétrica, um tipo de relacionamento patológico (entre duas pessoas, grupos ou nações), em que o comportamento de um encontra sempre eco no comportamento do outro. Desta forma, a relação define-se em termos de uma semelhança, reciprocidade e oposição (Benoit, 1988). Foi o antropólogo Gregory Bateson quem criou o termo escalada simétrica, ao estudar as tribos Latmul, verificando que a simetria aprofunda-se exagerando comportamentos similares. Vai--se subindo no grau de afrontamento, eventualmente até ao recurso às armas. A única estratégia que pode evitar a escalada do conflito é a contenção.

2) A segunda imagem a considerar é a do **bárbaro**. Neste caso, o adversário é percebido como sendo uma poderosa ameaça, superior em termos de capacidade, mas culturalmente inferior. Neste caso, crê-se que o outro não hesitará em tirar partido dessa superioridade, o que gera medo e raiva. À semelhança do que sucede com a imagem do inimigo diabólico, aqueles que apresentarem uma maior complexidade cognitiva sobre o oponente

e não perspectivarem a situação a branco e preto serão considerados traidores ou cobardes (pesando a superioridade do bárbaro).

Assim, procurar-se-á evitar o conflito direto (dado como perdido), buscando-se, em alternativa, aliados para, pelo menos, conseguir conter o adversário. Se pensarmos no conflito da Croácia com os Sérvios, na ex-Jugoslávia, perceberemos como se concretiza esta imagem do Bárbaro (Cottam, 2010). Os Croatas viam os Sérvios como culturalmente inferiores mas superiores em força, acabando por procurar aliados (nomeadamente europeus) para a sua independência.

3) Já a imagem **imperial** forma-se quando se percebe o outro como superior quer em capacidade quer culturalmente, o que frequentemente aconteceu durante o colonialismo e talvez suceda agora com os países da Europa do Sul perante a Alemanha. A perceção do outro é menos monolítica do que nos casos anteriores mas, mesmo assim, entende-se que o poder imperial exerce o seu domínio de forma intrincada e, frequentemente, de modo não assumido: "o poder imperial é visto como tendo a capacidade de orquestrar desenvolvimentos de extraordinária complexidade de modo subtil" (Cottam, 2010, p. 56). O estilo percepcionado é, portanto, do tipo "mão invisível", que puxa os cordéis. Quem não aderir a esta imagem é visto como oportunista (beneficiando da relação com o poderoso) e, claro, como um traidor.

A questão é que, mesmo nos períodos coloniais, alguns percecionavam o poder imperial como justo e legítimo, sendo a sua principal emoção o medo, resultando no evitamento do conflito, no respeito e na subordinação. É, justamente, deste tipo de relação que o governo de Passos Coelho é acusado. Já quem considera o poder imperial ilegítimo e injusto provoca emoções como a

184 | O CÉREBRO DA POLÍTICA

raiva e a vergonha resultantes da inferiorização, levando a comportamentos hostis, embora, considerando o risco, a rebelião apenas surja quando se considera que existem, realmente, outras alternativas. Por exemplo, a revolta dos colonizados frequentemente só surgiu quando o poder imperial foi percepcionado como estando profundamente enfraquecido.

4) O outro lado desta moeda é, claro, a imagem **colonial**, em que o adversário é visto como sendo inferior quer em capacidade quer culturalmente. Esta imagem faz com que se perspetive o adversário dividido em dois grupos, o que colabora com o poder imperial e reconhece a sua superioridade; e o grupo infantil, agitador, irresponsável, que se recusa a desenvolver uma atitude colaboracionista e que é incapaz de se organizar ou ser efetivo. As emoções que esta imagem suscita são a repulsa e o desprezo, sendo que o medo de contaminação e o castigo são muito comuns. A forma como a Alemanha e os seus aliados trataram os países do Sul da Europa durante esta crise é ilustrativa da imagem colonial, posto que a percepcionada inferioridade destes países chegou a que fossem designados pela sigla PIGS (Portugal, Ireland, Greece, Spain) e a estratégia empregue foi a de tentar isolar cada uma dessas nações, como se existisse realmente um perigo de contágio (expressão que, de resto, passou a integrar o vocabulário político-económico). Por outro lado, a dureza das medidas impostas pela *troika* e governos foi sempre executada como se de uma punição se tratasse sobre "os nativos", por terem preconizado um comportamento acriançado e leviano, "vivendo acima das suas possibilidades". E o subgrupo que não aceita as medidas é visto como irresponsável e agitador. A narrativa que subjazia à guerra fria e o medo que o socialismo fosse viral e contagioso é outro exemplo da imagem colonial.

NÓS E ELES: PSICOLOGIA POLÍTICA DOS GRUPOS | 185

5) A quinta imagem que se pode formar é a do adversário **dependente**, entendido como mais fraco, quer em capacidade quer culturalmente, mas com aliados poderosos. Durante a Guerra Fria era essa a imagem que o Ocidente tinha de países aliados da União Soviética. Essa também foi a forma como os EUA olharam para o Iraque, adoptando uma atitude paternalista, logo de superioridade, forçando, sem sucesso, a procura de armas de destruição massiva (Cottam, 2010). Frequentemente, a atitude de quem encara o adversário como dependente é o exercício da força absoluta e a personalização (Saddam como a encarnação do mal).

6) A última imagem que importa destacar é a do adversário **degenerado**, percebido como igual ou superior em capacidade e culturalmente, mas sem orientação, confuso, com fraca liderança e sem estratégia. É este o modo com que Passos Coelho e o PSD têm perspetivado o seu principal rival eleitoral, António José Seguro e o PS que, se são entendidos como adversários em igualdade ou mesmo superioridade, são também vistos como estando num momento de pouca capacidade de efetivar o seu poder e mobilizar o apoio da opinião pública. As emoções que derivam desta imagem são o desprezo, o desdém e a raiva. Como consequência, pode surgir a famosa subestimação do inimigo. Num plano acima, essa raiva pode gerar ódio e levar a campanhas militares desumanizadas e ao genocídio. Hitler via os aliados dessa forma, como Estados degenerados e sem estratégia, o que o levou a correr riscos de monta e, claro, a perder a guerra.

A questão é que nem sequer é necessária uma situação competitiva para que o ódio possa escalar. Hoje sabe-se que a identificação ao grupo é um fenómeno quase automático. A mera percepção de pertença a um grupo é suficiente para estimular a discriminação dos outros grupos. Ou seja, a simples consciência da presença de um outro grupo é suficiente para estimular respostas competitivas e discriminatórias (Tajfel & Turner, 2004). De facto, existe um nós e os outros.

Uma outra experiência, de Muzafer Sherif, embora mais antiga, é igualmente interessante. O conhecido psicólogo levou 22 rapazes para um campo de férias, sendo que nenhum se conhecia anteriormente. Dividiu-os ao acaso, alojou-os em dois grupos de bungalows distantes um do outro – para minimizar a interação social e deixou-os separados durante uma semana, o tempo suficiente para que emergisse um líder, uma cultura e uma identidade grupais. Depois, envolveu-os em várias tarefas competitivas. Rapidamente a hostilidade subiu até ao ponto de já não ser possível desenvolver jogos ou outras atividades sem que os grupos se agredissem.

A experiência do britânico Henri Tajfel também o demonstra: um conjunto de sujeitos (conduziram-se ensaios quer com crianças quer com adultos) é dividido em dois grupos de forma aleatória, tendo depois de tomar decisões, atribuindo quantidades de dinheiro a outros sujeitos (excluindo o próprio). Esses "votos" são anónimos e deles só consta o seu número de código grupal e grupo (por exemplo, número 28 do grupo A; número 36 do grupo B). Não há conflito intergrupal nem hostilidade prévia, nem sequer nenhuma forma de socialização anterior às decisões. São grupos puramente cognitivos, designados de minimalistas (Tajfel & Turner, 2004). A conclusão da experiência é que a categorização *ad hoc* leva ao favoritismo dentro do grupo e à discriminação do outro grupo. Para o autor, o psicólogo inglês, este paradigma do grupo minimal explica-se através da auto-estima. A identificação com um grupo, sobretudo se este se percepciona como

NÓS E ELES: PSICOLOGIA POLÍTICA DOS GRUPOS | 187

tendo um estatuto mais elevado, permite ao indivíduo melhorar a sua auto-estima, constituindo como a força motivacional básica que leva a que se identifique com o seu grupo e discrimine os membros dos outros grupos. Portanto, os conflitos grupais derivam essencialmente de dois fenómenos – da categorização social que define quem está dentro e quem está fora; e dos preconceitos face aos elementos do grupo exterior, que podem ser de três tipos: estereótipos (componente cognitiva), sentimentos negativos (componente afetiva) e tendências de ação negativas (componente comportamental). E, como já se viu a partir das experiências descritas, a tendência para perceber o Outro de uma forma negativa ocorre de modo quase automático (Duckitt, 2003). A estereotipização apresenta vários efeitos sobre os seus alvos, como descrito, mas relativamente a quem a faz há que considerar que não é em si mesma negativa e, aliás, a pesquisa demonstra que nem sequer está relacionada com a discriminação. Trata-se de processos cognitivos comuns e banais. Já os afetos negativos associados a outros grupos desempenham um papel discriminatório. Os comportamentos preconceituosos podem ir desde o simples afastamento social e evitamento de contato até à agressão. Nestes casos, concorrem vários fatores, como situações de crise e dificuldades económicas até à percepção que um grupo desenvolve da alteração de práticas e hierarquias que o outro grupo está a operar.

Os preconceitos podem ser explicados por fatores individuais e por fatores grupais. Ao nível individual, há a destacar o processo de socialização do indivíduo que, como já se viu, deixa marcas fortes nas suas preferências políticas. Por outro lado, e como também se sublinhou, as personalidades autoritárias (que perspetivam o mundo como ameaçador) e as socialmente dominantes (que

188 | O CÉREBRO DA POLÍTICA

perspetivam o mundo como uma selva na qual é necessário competir para sobreviver) tendem a formar mais preconceitos. A nível grupal, a "identidade saliente", as ameaças, a competição intergrupos e a desigualdade alimentam preconceitos. A integração destes fatores – por exemplo personalidade socialmente dominante e grupos a competirem pelos mesmos recursos – alimentam o conflito entre grupos.

A ideia de nação, ao contrário da ideia de humanidade (ainda que, como se viu as pessoas possam sentir compaixão por quem está do outro lado do mundo), é suficientemente local, próxima e concreta para fornecer uma motivação forte, mas suficientemente grande para envolver as pessoas na contribuição para um bem comum. E o nacionalismo pode, de resto, ser perspetivado desse ângulo da auto-estima proposto por Tajfel. Ou seja, o sentimento de que a sua própria nação é superior pode responder à necessidade humana básica de auto-estima (Houghton, 2009). Quando este sentimento é cruzado com o de vitimização, isso faz com que os indivíduos sintam que a "sua causa é justa", legitimando o ripostar ou a vingança.

O nacionalismo, bem como o racismo, etnocentrismo, sexismo e classismo tem sido também estudado através da teoria da dominância social que apresenta uma visão global sobre o conflito intergrupal (Sidanius & Pratto, 2004). Esta teoria parte do princípio que as sociedades se estruturam em hierarquias sociais, com um ou vários grupos dominantes e hegemónicos no topo e um ou vários grupos subordinados na base da estrutura hierárquica. Trata-se de uma visão fortemente influenciada pela psicologia evolucionista e que vê a sociedade como inerentemente opressora e a opressão grupal como sendo a regra nas relações humanas (Houghton, 2009). Entre outras coisas, os grupos dominantes caracterizam-se por uma posse desproporcional do valor social positivo (autoridade e poder político, alimentação em abundância, habitação e cuidados de saúde de alta qualidade, elevado estatuto social). Pelo contrário, os grupos subordinados têm demasiado valor negativo social (baixo estatuto social, profissões perigosas e mal pagas, alimentação, habitação e cuidados de saúde de baixa qualidade, punições severas – prisão). O estatuto social que o indivíduo alcança não está relacionado com as suas próprias capacidades, sucessos e méritos mas antes com o estatuto intrínseco que a simples pertença a um grupo lhe confere.

O que é interessante nesta perspetiva, para além de considerar que essa hierarquia dá às sociedades uma vantagem evolutiva quando comparadas com outras diferentemente organizadas, é que explica porque é que o favoritismo pode ocorrer não apenas face aos membros do mesmo grupo. Sendo que tal se verifica com frequência, nomeadamente, quando membros de grupos com baixo estatuto social tratam com deferência membros de grupos com um estatuto social elevado.

Um dos aspetos mais interessantes destes estudos é o conceito de "legitimação de mitos", que são atitudes, crenças, valores e ideologias que dão apoio moral e intelectual à justificação para a estruturação social e a distribuição iníqua (Lavine, 2010). Porém, e como o leitor já terá pensado, existem diferenças individuais assinaláveis no grau de discriminação que apresentam pessoas do mesmo grupo. Isso significa que, além da dinâmica grupal, há que considerar fatores individuais nos fenómenos como o nacionalismo embora, como já sublinhado, a dinâmica própria dos grupos faz com que não se reduzam a um simples somatório das partes. Os sentimentos patrióticos variam muito entre pessoas do mesmo país. Para alguns é

190 | O CÉREBRO DA POLÍTICA

um pai, para outros uma mãe, para uns um filho querido ou ainda um (a) amante. A abordagem biopolítica para todos os tipos de conflito humano radica na ideia de que a seleção natural nos dotou de um instinto agressivo inato. Pode ser verdade, mas como não somos agressivos o tempo todo, a questão das circunstâncias e da personalidade que precipitam esse instinto permanece válida.

O nacionalismo foi uma das formas de comportamento político mais perigoso no século XX. O nacionalismo germânico é dado como o responsável pela Segunda Guerra Mundial. O nacionalismo destruiu a Jugoslávia nos anos 90. Podemos definir nacionalismo como um sentimento de pertença a uma comunidade constituída por pessoas com quem se partilha uma herança e um destino comuns e à qual se deve lealdade. Um indivíduo nacionalista é o que está comprometido com a unidade, independência, dignidade e bem estar da comunidade nacional. O conceito de nacionalismo é semelhante ao de identidade social, na medida em que nesta as pessoas identificam-se com o grupo procurando manter uma auto-estima positiva da sua pertença.

Portanto, o nacionalismo tem duas faces, como Jano, uma de inclusão, outra de exclusão. Por um lado, apela aos deveres perante o outro e à necessidade de preservar um bem comum. Por outro, remete os que estão fora desse círculo de inclusão à rivalidade. Vários autores têm feito distinções entre um nacionalismo "militar" e um "cívico", o "cego" versus "construtivo", sendo o primeiro caracterizado por uma vinculação ao país rígida, intolerante à crítica e acrítica e o segundo por uma lealdade crítica, capacidade de questionamento e desejo positivo de mudança. O primeiro está associado à preferência por símbolos nacionais e uma tendência ao enviesamento cognitivo. Já o nacionalismo construtivo está apenas ligado

NÓS E ELES: PSICOLOGIA POLÍTICA DOS GRUPOS | 191

a um interesse político, procura de ativa informação e ativismo político (Lavine, 2010). Para facilitar, chamaremos nacionalismo à face de exclusão e patriotismo à face de inclusão. Nem todas as nações têm fortes sentimentos nacionalistas. Os nacionalistas tendem a ser mais sensíveis a ameaças ao Estado-Nação, percepcionando os ameaçadores de forma extremada. São também sensíveis às oportunidades de expandir a influência do seu país, do seu prestígio e das comunidades dos seus nacionais fora do seu território, o que pode chegar ao irredentismo, a aspiração de juntar todas as partes da comunidade nacional num mesmo território. Líderes nacionalistas podem apelar ao sacrifício de um povo em nome do Estado, inclusive militarmente. Mas se falharem, também serão mais duramente castigados pelo seu povo. A utilização de símbolos nacionais é um recurso comum por governantes que pretendem estimular sentimentos de devoção ao país, sobretudo em tempos de grandes sacrifícios.

O governo de Passos Coelho adoptou esse uso dos símbolos nacionais, sob a forma de um pin na lapela com a bandeira portuguesa. Foi o jornalista Nuno Ramos de Almeida que associou essa atitude do executivo à série britânica *Yes, Prime Minister* (1986-87). Num episódio, um assessor de comunicação explica ao governante que se ele queria apresentar na televisão uma medida revolucionária devia aparecer de fato, num cenário clássico com tons de madeira tradicionais e um genérico com música clássica. Já se a proposta fosse conservadora, convinha que o ministro fosse vestido jovialmente, que o fundo fosse uma obra de arte moderna e que a música fosse, de preferência, uma obra de electrónica contemporânea. Ou seja, surgindo o governo de bandeira nacional na lapela, espera-se que as mudanças sejam profundas o que se con-

192 | O CÉREBRO DA POLÍTICA

firma considerando as alterações que foram conduzidas no ensino ou nas relações laborais, por exemplo.

Todos os símbolos são importantes elementos de linguagem e se os símbolos nacionais denunciam e ativam uma pertença/identidade, eles exprimem também, metaforicamente, poder e força. Portanto, no caso do governo de Passos Coelho podem de facto ser uma tentativa de encontrar um contrapeso perante duas componentes: 1) a sua vulnerabilidade perante o poder da *troika* e as imagens do inimigo imperial/colonial – despertando através do símbolo a ideia contrária, de força; 2) a imposição de medidas violentas, provocando pela bandeira a ideia de identidade nacional.

Outra causa do nacionalismo é a categorização social. Os nacionalistas perspectivam os cidadãos do seu país como sendo semelhantes, partilhando atributos comuns, acentuando os positivos quando se comparam a outras nações. Da mesma forma são mais sensíveis ao comportamento agressivo de outros grupos e manifestam emoções positivas associadas ao seu país como alegria ou orgulho quando existem sucessos nacionais económicos ou desportivos. Frequentemente, os nacionalistas são incapazes de considerar os aspetos negativos do seu país, proporcionando fenómenos como o bode-expiatório, alguém que arca com as culpas da situação. Assim, o nacionalismo é caracterizado por sobre-simplificação, responsabilidade pessoal diminuta, relutância em considerar alternativas, propensão para agir emoções, sentimento de um poder sem rival, fraca capacidade crítica, reações emocionais intensas e sentimentos persecutórios (Cottam, 2010). Esse patriotismo tem servido as piores causas como guerras, ódio racial e étnico, exclusão religiosa, normas de masculinidade que subordinam as mulheres, xenofobia e ódio a outras nações.

NÓS E ELES: PSICOLOGIA POLÍTICA DOS GRUPOS | 193

Porém, considerando a face positiva do nacionalismo, descartar os sentimentos patrióticos pode significar perder também a capacidade de compromisso e mobilização não só para o seu próprio país mas que, em última análise, pode servir de alavanca para atitudes positivas face a toda a humanidade (Nussbaum, 2013). O afecto à nação permite o uso do "nós" e do "nosso", passando de empatias mais restritas a empatias mais extensas. O afecto público que é necessário, incluindo aquele dirigido à nação, não é apenas aquele que a concebe como um mero conjunto de princípios abstratos mas que a toma como uma "entidade particular, com uma história específica, características físicas particulares e aspirações específicas que inspirem devoção" (Nussbaum, 2013, p.207).

Veja-se o nosso hino nacional: "Heróis do mar, nobre povo/ Nação valente, imortal,/Levantai hoje de novo/ O esplendor de Portugal!". A letra da *Portuguesa* está repleta de referências à história particular do nosso país, aos feitos nacionais, a elementos físicos como o oceano ou o clima e a aspirações como a preservação da grandeza do país. A composição *A Portuguesa* de Alfredo Keil e Henrique Lopes de Mendonça, com uma forte expressão patriótica e afirmação de independência perante o ultimato inglês torna-se um símbolo nacional que, proibido pelos monárquicos, foi espontaneamente adoptado pelos portugueses na implantação da República. Ou seja, o nosso hino é, desde logo, um símbolo de inclusão mas também de exclusão, neste caso particular dos monárquicos (humilhados com o mapa-cor-de-rosa), mas sobretudo dos ingleses, tanto que originalmente na letra constava "contra os bretões marchar", o que foi posteriormente substituído por "contra os canhões marchar".

Como já vimos a compaixão motiva o altruísmo e está profundamente enraizada em narrativas e imagens

194 | O CÉREBRO DA POLÍTICA

concretas. Ou seja, para ser eficiente tem de nomear indivíduos (fundadores e heróis), particularidades físicas (paisagem, imagens vívidas e metáforas) e, acima de tudo, narrativas de luta, envolvendo sofrimento e esperança (Nussbaum, 2013). A narrativa de uma nação é uma seleção de material desordenado, enfatizando umas coisas e apagando outras, apontando sempre para o que o futuro pode encerrar.

Talvez o problema do afeto à nação seja quando a respetiva narrativa é excludente (enfatizando a contribuição de um único grupo étnico ou religioso e excluindo os outros). Ou seja, quando a narrativa se baseia no lado do medo/ansiedade/repulsa que divide uma sociedade em grupos hierarquicamente organizados e desumaniza. Já uma narrativa inclusiva será a que remete para o patriotismo construtivo, que expande a compaixão, estabelecendo pontes entre emoções positivas e princípios apontando, assim, para um futuro aberto a várias raças, credos, nacionalidades. Só imaginando, discursando sobre aqueles que são considerados outros como parte de "nós", do nosso passado e da construção do futuro se pode estancar essa ideia de exclusão. Um exemplo de uma narrativa inclusiva é a dos EUA. Já a UE, pelo contrário, tem-se definido como uma espaço de exclusão, a ponto de recentemente tentar plasmar no preâmbulo do projeto da sua Constituição que a "Europa é cristã[11]".

---

[11] A identidade religiosa europeia é mais plural do que apenas cristã. A profunda influência muçulmana na Península Ibérica, mas também em Itália e França, ou a influência dos judeus no espaço europeu ilustram essa pluralidade. Da mesma forma que as sistemáticas expulsões dos não cristãos (cátaros, huguenotes, valdenses, judeus), Auschwitz, Srebrenica ou a expulsão dos muçulmanos da Bulgária em 1987 revelam que se trata mais de uma matriz anti-não cristã do que propriamente cristã.

NÓS E ELES: PSICOLOGIA POLÍTICA DOS GRUPOS | 195

Portanto, relativamente ao nacionalismo no velho continente, importa desde logo perceber como foi imaginada a União Europeia. Na verdade, esse sonho de uma grande Europa una é muito antigo e não data da época da Comunidade do Carvão e do Aço. Dizia o poeta Mosco de Alexandria que a Europa, rainha de Creta, foi "mãe de filhos gloriosos cujos ceptros hão-de acabar por dominar todos os homens da Terra". E, de facto, existiu a tradição europeia de construir impérios alicerçados na ideia de grandeza e justiça, sendo que diferentes episódios de invasão, colonialismo e imperialismo são apenas algumas variações do mesmo velho princípio, iniciado à volta do mar Mediterrâneo no qual, como afirma Paul Valery, os barcos carregavam bens, mercadorias, ideias e métodos ou, nas palavras de Fernand Braudel foi o Centro Radioso de todo o globo. A mesma fantasia passou por Carlos Magno, Carlos V, Napoleão. De Rousseau a Marx, de Kant a Leibniz, vários foram os pensadores que propuseram uma unificação europeia como um objectivo político desejável a longo prazo. Voltaire, em *O Século de Luís XIV*, optimisticamente descreveu a Europa como "um tipo de grande República, abraçando diferentes Estados, todos em relação uns com os outros, todos tendo a mesma base religiosa, os mesmos princípios de lei pública, e os mesmos ideias políticos, todos eles desconhecidos noutras partes do mundo". Edmund Husserl, na sua famosa conferência em Viena, corria o ano de 1935, explicita que a ideia de que a Europa não é uma massa de terra mas um ideal, representa a verdade e o universal, donde os europeus têm o papel de ajudar a humanidade a realizar--se a si mesma.

Para Benedict Anderson (2005), as comunidades imaginam-se e essa fantasia é reforçada pela interação entre o capitalismo e a tecnologia de comunicação. Esses processos históricos reforçam vinculações a nações e antipatias a outras, trajeto no qual pressupor fronteiras é o primeiro passo. Segundo Balibar (2004), essas fronteiras externas têm de ser constantemente imaginadas como uma projeção e proteção de uma personalidade colectiva interior. O trabalho onírico de imaginar uma nação passa então também pela soberania e por um sentimento de comunidade, sendo em grande medida simbólico e sustentado por uma multiplicidade de práticas quotidianas, seja o boletim meteorológico ou os telejornais.

Sucede que o velho sonho do velho continente foi sempre imaginado como união mas também sempre pressuposto como etnocêntrico, como revelam as palavras de Mosco de Alexandria, de Voltaire ou de Husserl. Etnocêntrico significa, desde logo, supor-se como centro, com fronteiras definidas relativamente a uma periferia necessariamente inferior.

Já a narrativa atual da UE confirma exatamente estes mesmos traços. Como exemplo, atente-se no preâmbulo do seu Tratado. Desde logo, esse documento centra-se no passado e na herança cultural e religiosa, mas enfatiza a perspectiva no futuro "a necessidade da criação de bases sólidas para a construção da futura Europa". E esse futuro passa pela expansão europeia, neste caso dos seus valores: "promover a paz, a segurança e o progresso na Europa e no mundo", enquanto que a ideia de "herança religiosa" encerra formas de exclusão. Nesse preâmbulo, assinala-se, assim, a reivindicação de uma supremacia cultural. A imaginada união europeia não é neutra. É superlativa, faz-se acompanhar no dito preâmbulo de termos como "Inspiração", "Desejo", "Determinação" e termina com "continuar o processo de criação de uma união cada vez mais estreita entre os povos da Europa".

NÓS E ELES: PSICOLOGIA POLÍTICA DOS GRUPOS | 197

Imaginar uma comunidade é uma forma de fantasia coletiva. E a fantasia, as histórias, os mitos, as lendas, é o que nos permite confiar na ordem simbólica e é a base a partir da qual tudo percepcionamos, nós próprios, o nosso próprio corpo (que felizmente não sentimos tal como é, um mero amontoado de vísceras e sangue), os outros, uma nação e todos os conceitos abstratos. Portanto, a fantasia tanto revela como esconde o real, protege-nos da brutalidade da verdade. Não por acaso, grande parte das narrativas mitológicas e teológicas versam sobre a realidade mais terrível de todas, a tal que desperta a mais funda angústia, a morte. Mas essas fantasias também surgem em narrativas mais básicas e corriqueiras, como o exemplo que Zizek (1997) invoca sobre os vídeos de segurança nos aviões – as suas instruções claras e simples sobre a eventualidade de um acidente revelam a certeza da morte nessas circunstâncias, acrescentando-lhe a fantasia da sobrevivência, da possibilidade de escapar (para que serve o colete salva-vidas nessas circunstâncias, por exemplo?).

Portanto, se o horror (morte) da Europa consiste nas suas históricas divisões – guerras, mortandades, genocídios – a fantasia terá de ser uma de junção e comunhão. Aliás, nem por acaso a Europa passou de Comunidade (Europeia) a União. Essa superação das "divisões antigas" é um desejo, não um facto consumado, uma fantasia que esconde o horror dessas mesmas divisões antigas. Aliás, tal como no mito em que Zeus raptou a Europa. Nessa história, dá-se o casamento (união) entre a princesa fenícia Europa e Zeus, que toma a forma de um touro tão branco como a neve virgem, na versão de Ovídio. E se o casamento, como Foucault notou, une tanto quanto diferencia, exclui terceiros, delimita um sistema de herança e hereditariedade, este é o de uma princesa com um Deus, o Deus, correspondendo ao estabelecimento e

198 | O CÉREBRO DA POLÍTICA

preservação da pureza racial, de uma linhagem contra o medo de indiferenciação. Claro que depois ambos permanecem em Creta, uma ilha com fronteiras naturais e defendidas. Cada vez mais juntos, como no preâmbulo, a União Europeia é esse casamento que une e separa. Que celebra e esconde o horror. Mas se a fantasia não é suficientemente "poderosa", o real irrompe. Neste caso, e no contexto de uma profunda crise económica, o que tem então surgido, naturalmente, são as velhas clivagens do espaço europeu. Medeiros Ferreira (2013) explica com clareza o porquê do colapso dessa fantasia, apontando fatores como a unificação da Alemanha, a emergência das democracias de Leste, a "bulimia de tratados" entre 1992 (Maastricht) e 2007 (Lisboa), a união monetárias que decorreu "da moeda única para as suas consequências", a debilidade do Banco Central Europeu e as "normas do Pacto de Estabilidade que reacenderam as desconfianças entre o Norte e o Sul da Europa" (p. 121) concluindo: "Enquanto durou o conflito Leste-Oeste (...) a Comunidade Europeia caprichou em dar respostas positivas aos desejos de desenvolvimento (...) da Irlanda, Grécia, Portugal e Espanha (...) Quando acabou a noção de "Europa Ocidental" e se operou a reunificação alemã (...) começou a emergir o egoísmo das lógicas nacionais. Entre 1992 e 2001 passou-se num ápice da miragem da "Europa dos Cidadãos" para a realidade da "Europa das Chancelarias"" (p.129)., que "não é um passo em frente em relação à história continente (...) Sendo certo que a UE não é o território ideal para qualquer utopia" (p.155).

Primeiro, esse espaço europeu constitui-se então como uma exclusão do Outro, positivamente definido como direito interno de circulação – nos aeroportos europeus, por exemplo, a nova identidade europeia é acentuada

NÓS E ELES: PSICOLOGIA POLÍTICA DOS GRUPOS | 199

com as filas separadas, a que corresponde um grau de controlo diferente sobre passageiros e documentos. E constitui-se como uma exclusão negativamente executada relativamente aos residentes de outros países e nas constantes deportações de imigrantes (não europeus), recentemente alargadas aos não brancos europeus, como os ciganos de etnia Roma. E, já em 2014, alargada aos brancos europeus no caso da Suíça. Nesse país, por via referendária, admite-se introduzir restrições à livre circulação de cidadãos da UE.

Este caso da Suíça representa já a transição da exclusão do Outro diferente para a exclusão interna, ou seja, o fim da imaginada união europeia, como de resto significam a emergência de outros nacionalismos como o catalão. Isto é, a crise faz com que uma comunidade que foi imaginada não só como excludente mas também para esconder o horror das divisões antigas, regresse a esse mesmo horror. A insuficiência dessa fantasia decorre de não se ter conseguido construir leis laborais, fiscais ou educacionais comuns, referendos conjuntos, uma identidade. Como mostra o trabalho de Batson (1995, 2005), só a compaixão não chega e compaixão sem princípios pode levar à injustiça. Por exemplo, se alguém sente particular compaixão por alguém que espera pela doação de um órgão para sobreviver, pode descurar o fato de que essa pessoa está há menos tempo à espera do que outras e que deve ser seguida a ordem estabelecida. Daí o papel que as leis também desempenham.

A UE, fundada numa narrativa excludente e insuficientemente imaginada, construiu as já referidas imagens do inimigo imperial/colonial na antecâmara da crise económica iniciada em 2008 pelos mercados financeiros. Origem que, como também mencionado, nunca foi reconhecida como tal. Agora ameaça desagregar-

200 | O CÉREBRO DA POLÍTICA

-se justamente pelo motivo pelo qual foi originada: os nacionalismos. Morgan-Jones (2014) sublinha como as humilhações das guerras e das invasões dentro da Europa criaram a necessidade de acordos de paz. E pergunta se essa tentativa de paz e cooperação económica resolve o trauma anterior ou apenas mascara as humilhações, que são depois negadas e repetidas.

Isto é, destituída do seu passado glorioso, remetida ao papel de elemento fraco na economia global e incapaz de elaborar o seu passado recente, o ódio e a raiva do pós--guerra, a UE parece determinada a punir-se a si mesma. O norte acusa o sul e o sul acusa o norte, embora a ameaça real e a origem da crise permaneça por abordar. Para Medeiros Ferreira (2013) Para se compreender a evolução política europeia é necessário atentar nas relações entre a França e a Alemanha, antes, durante e após a Segunda Guerra Mundial: "sem se levantar esse "interdito" da política internacional, quase nada se pode entender do passado da integração europeia e ainda menos dos seus possíveis futuros" (p.10).

Termina-se como se começou: só uma vinculação segura (neste caso à europa), a capacidade de ultrapassar o narcisismo na direção de uma preocupação estável com os outros e não na da subordinação às necessidades próprias, bem como a contenção do desamparo garantem a construção de uma boa sociedade e afastam o mal. Seja ele radical ou, simplesmente, banal.

CONCLUSÃO

PARA QUE SERVE A PSICOLOGIA POLÍTICA

A Psicologia Política vê o cérebro político como sendo composto por uma série de camadas e níveis. Essas diferentes camadas desempenham um papel mais ou menos importante em diferentes comportamentos e em diferentes momentos da ação política, interagindo sempre com a situação e o contexto. Existem alturas em que as circunstâncias são determinantes, como mostram as experiências de Asch, Milgram e Zimbardo. Mas que alturas são essas? Uma parte importante da resposta vem do efeito do estranho. Como vimos, essa experiência mostra que as pessoas, numa situação de emergência, podem não prestar auxílio quando estão em grupo e prestar quando estão sozinhas. Ou seja, não estar em grupo sublinha as características individuais (disposicionais – personalidade, emoções, valores, cognições), ao passo que o estar em grupo dilui essas características.

Os autores do efeito do espetador realizaram também uma experiência que é uma variante do seu trabalho original, cruzado com as experiências de Asch e de Mil-

202 | O CÉREBRO DA POLÍTICA

gram. Colocavam um participante na sala a responder a um questionário e depois faziam entrar fumo por baixo da porta. Quando estavam sozinhos, os participantes reportavam imediatamente o problema. Mas quando estavam na sala com vários falsos participantes (atores) que tinham instruções para nada dizer, 90% descurava o fumo ao ponto de a sala ficar saturada, a visibilidade ficar comprometida e as pessoas começarem a tossir.

Isto significa que, embora todos estejamos expostos à comunicação social e a várias pressões do meio ambiente, o ato eleitoral nas democracias, de natureza secreta, é iminentemente solitário, fazendo com que diminua o peso da situação e aumente o da personalidade e emoções. Em circunstância semelhante ao eleitor anónimo encontra-se o primeiro-ministro ou o presidente da República. Por mais reuniões partidárias, encontros informais, assessorias, conselhos de ministros, conselhos de Estado que existam, a última palavra é do líder, a última responsabilidade é sua. E, por isso, também relativamente à liderança as questões de personalidade, emoções e cognições são essenciais, ao passo que o peso da situação e do contexto diminui.

Claro que existem circunstâncias particulares onde as questões dos traços e carácter dos indivíduos ainda são mais fundamentais, como em todas as situações novas, que representam um esforço cognitivo suplementar e que não tem antecedentes (referências), ou em situações ambíguas nas quais não é claro nem evidente qual a opção correta ou a melhor ação e, por fim, em situações com uma sobrecarga informativa que leva os indivíduos a adoptar vários atalhos cognitivos, designadamente o revisto efeito do bêbado (Houghton, 2009). Enfim, todas as situações que representam novidade, ambiguidade e incerteza, emparelhadas com a ausência de pressão social, elevam ao máximo a importância disposicional (personalidade, emoções, valores, cognições).

A questão é que todas as campanhas eleitorais e respetiva finalização (voto) representam, em maior ou menor extensão, dependendo do contexto mais alargado (por exemplo, crise financeira internacional), uma situação nova, ambígua, incerta e solitária quer para o candidato quer para o eleitor. Ou seja, tomando-se como centro da política o líder e o eleitor, o cérebro da política é a personalidade e as emoções (e não o contexto), tal como este pequeno manual pretendeu mostrar.

Esta revisão das principais investigações e noções em Psicologia Política deve, desde já, levar-nos a desenhar algumas conclusões práticas para a atividade política. A neurociência confirmou aquilo que a psicologia psicodinâmica há muito advogava: grande parte da nossa vida mental não é acessível por introspecção e encontra-se "fora" da nossa consciência. Por outro lado, grande parte das nossas atividades são emocionalmente comandadas e, mesmo as que requerem um envolvimento cognitivo mais complexo, têm sempre uma componente emocional.

Para o eleitor, estas premissas são fundamentais. A tentativa de compreender que emoções e formas de cognição emprega ao ler acontecimentos políticos, ao formar uma opinião e ao votar, permitir-lhe-á ficar mais consciente das suas opções. Essa mesma grelha de leitura também lhe oferecerá outras ferramentas de análise dos acontecimentos e dos atores políticos avaliando melhor quem está a fazer o quê e em que medida é que essas escolhas dos outros realmente encaixam nas suas próprias convicções, tornando-se mais livre. Nessa medida, a Psicologia Política poderá ser uma importante arma cidadã.

204 | O CÉREBRO DA POLÍTICA

Para os atores políticos, a Psicologia Política revela-se fundamental para a estruturação de um partido, para a escolha de um candidato e para uma campanha eleitoral. Em primeiro lugar, é fundamental conceber uma força política e os seus princípios de uma forma que tenha ressonância emocional, da mesma maneira que é importante definir a força política adversária de uma maneira que não tenha eco emocional. Depois, uma campanha efetiva, maximiza as emoções positivas (como "a esperança" de Obama) e minimiza as negativas em relação aos seus candidatos, fazendo o contrário com os adversários. Depois, há que gerir as emoções que as propostas políticas precipitam. Não tanto as propostas em si mesmas, mas as emoções que lhes subjazem. (Westen, 2007). Donde, as propostas políticas devem servir para traduzir os valores que se defendem e não o contrário. Primeiro os valores (emocionalmente enraizados), só depois as propostas.

Gostar dos candidatos é a emoção mais importante. Só depois vêm emoções como as relativas às suas competências. A gestão dos sentimentos que as caraterísticas pessoais dos candidatos estimulam é decisiva. Sentimentos como o candidato é confiável, empático, com forte capacidade de liderança são essenciais. E essencial também é levantar a dúvida sobre essas características quanto aos candidatos adversários.

Assim, inteligência política implica a capacidade de funcionar bem em grupo, a capacidade de formar coligações, de saber ler as dinâmicas de poder ou de reconhecer e negociar hierarquias de dominância. Primatas como os chimpanzés e os babuínos também formam alianças (no primeiro caso masculinas, no segundo femininas). A inteligência política não prescinde da inteligência propriamente dita, o QI, a capacidade de resolver proble-

PARA QUE SERVE A PSICOLOGIA POLÍTICA | 205

mas, pensar rapidamente, encontrar alternativas. Neste domínio, a inteligência verbal é também particularmente relevante e vários estudos demonstram que a capacidade de usar as palavras, a boa memória para a informação escrita e falada, a competência argumentativa e a aptidão para a narração de histórias são caraterísticas fundamentais num líder. Mas é sobretudo a capacidade de bem usar as emoções que distingue um candidato: reconhecê-las em si mesmo e no outro, empregá-las produtivamente nas relações e em si próprio. É esse o cérebro da política. A capacidade empática também é fundamental. Ler emoções não é o mesmo que ser empático. Pode compreender-se bem o outro mas, claro, não empatizar com ele e, como ficou demonstrado através dos neurónios espelho, um bom candidato é também o que ativa essas células no eleitor, é aquele com quem também se pode empatizar.

Sublinhou-se como a comunicação não verbal, a verbal e a capacidade emocional é nuclear. Outro aspeto que importa salientar é a autenticidade de um candidato. Procurar moldar um candidato político a gestos, comportamentos para-verbais num discurso, expressão emocional ou a uma certa história será sempre sentido pelo eleitorado como algo que não é genuíno. Pegar num ator político como se de uma tábua em branco se tratasse e conformá-lo à imagem e semelhança do que os seus *spin doctors* entendem que é correto e funciona dará sempre uma tensão e desconforto à sua presença. Quanto mais um ator político for entendido como estando confortável consigo mesmo e nas diferentes situações, distendido, mais será percepcionado de uma forma positiva. Portanto, deve-se perceber com grande acuidade quem é aquele candidato, a sua postura natural, a sua comunicação verbal e não verbal espontâneas, a sua história, personalidade e gestão emocional, procurando adaptar o estilo político

206 | O CÉREBRO DA POLÍTICA

a essas características naturais, maximizando o que são esses seus traços e não impondo um qualquer tipo ou atitude que depois, e inevitavelmente, soará a contrafação. Assim, este imperativo de autenticidade obriga a que se faça um levantamento biográfico altamente detalhado do candidato (privado, naturalmente) procurando, só depois, entender o que pode encaixar naquela pessoa em particular – que narrativa, que estratégia, que campanha – e o que será, irremediavelmente, um falsete e deve ser rejeitado, por melhor ideia que possa parecer. Como visto, as psicobiografias costumam ser realizadas *a posteriori* mas, na verdade são ainda mais úteis quando realizadas anteriormente, de forma confidencial, evidentemente, procurando com grande rigor que gestos, palavras, posicionamento servem como alfaiate naquele candidato específico.

Por fim, uma palavra para o psicólogo. A Psicologia Política não é uma extensão da Ciência Política na exata medida em que oferece teorias, conhecimentos e resultados específicos. Qual é, então, o seu enquadramento?

O século XX e o início do XXI, quase doze décadas mais para refletir do que para celebrar, na expressão de George Steiner, foram pejados de acontecimentos inesperados e terríveis. A liberdade formal dos indivíduos é maior, de uma maneira geral, mas como vários estudos demonstram (Marcus, 2013), a democracia combinada com as economias de mercado tenderá a baixar de forma consistente o bem-estar das populações. Porém, não é o propósito último quer da Política quer da Psicologia promover *diretamente* a qualidade de vida dos cidadãos? A Psicologia Política pode então contribuir não apenas para explicar os resultados políticos, como para explicar os resultados psicológicos. É essa a sua especificidade e mais-valia. Os acontecimentos políticos têm efeitos a curto

PARA QUE SERVE A PSICOLOGIA POLÍTICA | 207

e a longo prazo nos indivíduos. O pessoal é político. E a Psicologia deve assim desempenhar um papel central na Ciência Política.

BIBLIOGRAFIA

Adams, H. E., Lester W. W. Jr. & Bethany A. L. (1996). Is Homophobia Associated with Homosexual Arousal? *Journal of Abnormal Psychology*, 105, 440-445.

Adorno, T. W., Frenkel-Brunswik, E., Levinson, D. J., & Sanford, R. N. (1950). *The Authoritarian Personality*. Nova Iorque: Harper.

Agência Lusa (2014, Janeiro 11). *Militantes Divididos Quando à Justificação de Portas Sobre Demissão*. Acedido Janeiro 12, 2014 em < https://www.ionline.pt/artigos/portugal-congresso-cds/militantes-divididos-quanto-justificacao-portas-sobre-demissao >

Alford, J. R., Funk, C. L., & Hibbing, J. R. (2005). Are Political Orientations Genetically Transmitted? *American Political Science Review*, 99, 153-167.

Altemeyer, B. (1988). *Enemies of Freedom*. São Francisco: Jossey-Bass.

Almeida, N. R. (2012). *O Pin do Chinês*. Acedido em Fevereiro 4, 2013 em < http://www.ionline.pt/iopiniao/pin-chines >.

Ambady, N., Rosenthal, R. (1995). The slices of expressive behaviour as predictors of interpersonal consequences: a meta--analysis. *Psychological Bulletin*, 111(2), 256-274.

Amodio, D. M., Jost, J. T., Master, S., & Lee, C. M. (2007). Neurocognitive Correlates of Liberalism and Conservatism. *Nature Neuroscience*, 10, 1246-1247.

210 | O CÉREBRO DA POLÍTICA

ANDERSON, B. (2005). *Comunidades Imaginadas. Reflexões sobre a origem e a expansão do nacionalismo.* Lisboa: Edições 70.

ANDERSON, M. R. (2009). Beyond Membership: A Sense of Community and Political Behavior. *Political Behavior*, 31,603-627.

ASCHER, W., & HIRSCHFELDER-ASCHER, B. (2005). *Revitalizing Political Psychology: The Legacy of Harold D. Lasswell.* Mahwah, Nova Jérsia: Erlbaum.

BALIBAR, E. (2004). *We, the people of Europe?* Nova Jérsia: Princeton University Press.

BARTELS, L. M. (2000). Partisanship and Voting Behavior: 1952–1996. *American Journal of Political Science*, 44, 35-50.

BARTELS, L. M. (2002). Beyond the Running Tally: Partisan Bias in Political Perceptions. *Political Behavior*, 24(2), 117-15.

BASINGER, S. J. & HOWARD L. (2005). Ambivalence, Information, & Electoral Choice. *American Political Science Review*, 99(2), 169-184.

BATSON, C. D., KLEIN, T. R., HIGHBERGER, L. & SHAW, L. L. (1995). Immorality from empathy-induced altruism: When compassion and justice conflict. *Journal of Personality and Social Psychology*, 68, 1042-1054

BENOIT, J. C. (1988). Dictionnaire clinique des thérapies familiales systémiques. Paris: Ed ESF.

BERINSKY, A. & LENZ, G. (2011). Education and Political Participation: Exploring the Causal Link. *Political Behavior*, 33,357-373.

BILLIG, M. (2003). Political Rhetoric. In Sears, D. O., Huddy, L. e Jervis, R. (orgs.), *Political Psychology* (pp. 222-250). Nova Iorque: Oxford University Press.

BLOOM, P. (2013). *Just Babies: The origins of good and evil.* Nova Iorque: Crown.

BOLDERO, J. (2011). Regulatory Focus and Political Decision Making: When People Favor Reform Over the Status Quo. *Political Psychology*, 32, 399-418.

BIBLIOGRAFIA | 211

BOUGHER, L. (2012). The Case for Metaphor in Political Reasoning and Cognition. *Political Psychology*, 33, 145-163.

BRADER, T. (2006). *Campaigning for Hearts and Minds: How Emotional Appeals in Political Ads Work*. Chicago: University of Chicago Press.

BRADER, T. (2011). The Political Relevance of Emotions: "Reassessing" Revisited. *Political Psychology*, 32, 337-344.

BRANFORD, J.D. & JOHNSON, M. K. (1972). Contextual Prerequisites for Understanding: Some Investigations of Comprehension and Recall. *Journal of Verbal Learning and Verbal Behaviour*, II, 717-726. Acedido Janeiro 5, 2014 em < http://www.uic.edu/classes/psych/psych353cs/Bransford_&_Johnson_1972.pdf >

BRUNNING, H. (org.) (2014). *Psychoanalytical essays on power and vulnerability*. Londres: Karnac.

CAMPBELL, A., PHILIP E. C., WARREN M., & DONALD S. (1960). *The American Voter*. Nova Iorque: Wiley.

CHONG, D. (2000). *Rational Lives: Norms and Values in Politics and Society*. Chicago: University of Chicago Press.

CHONG, D., & JAMES N. D. (2007). Framing Theory. *Annual Review of Political Science*, 10, 103-126.

CONOVER, P. J. e FELDMAN, S. (2004). The origins and meaning of liberal/conservative self-identifications. In JOST, J. T. e SIDANIUS, J. (orgs.), *Political psychology* (pp. 200-215). Nova Iorque: Psychology Press.

CONVERSE, P. E. (1964). The Nature of Belief Systems in Mass Publics. In Apter, D. E. (org.), *Ideology and Discontent* (pp. 206-261). Nova Iorque: Free Press.

CONVERSE, P. E. (2004). The nature of belief systems in mass publics. In JOST, J. T. e SIDANIUS, J. (orgs.), *Political psychology* (pp. 181-199). Nova Iorque: Psychology Press.

COTTAM, M., DIETZ-UHLER, B., MASTORS, E. & PRESTON, T. (2010). *Introduction to political psychology*. Nova Iorque: Psychology Press.

212 | O CÉREBRO DA POLÍTICA

CRENSHAW, M. (2002). The Utility of Political Psychology. In Monroe, K. R. (org.), *Political Psychology* (pp. 141-150). Mahwah, Nova Jérsia: Erlbaum

CURTIN, N., STEWART A., e DUNCAN, L. E. 2010. What Makes the Political Personal? Openness, Personal Political Salience, and Activism. *Journal of Personality*, 78, 943-967.

DIAS, J. A. (2010). *Maníacos de Qualidade*. Lisboa: Esfera dos Livros.

DRUCKMAN, J. N., & MCDERMOTT, R. (2008). Emotion and the Framing of Risky Choice. *Political Behavior*, 30, 297-321.

DRUCKMAN, J. N., KUKLINSKI, J. H. & SIGELMAN, L. (2009). The Unmet Potential of Interdisciplinary Research: Political Psychological Approaches to Voting and Public Opinion. *Political Behavior*, 31, 485-510.

DUCH, R. M., HARVEY D. P., & ANDERSON, C. (2000). Heterogeneity in Perceptions of National Economic Conditions. *American Journal of Political Science*, 44, 635-652.

DUCKITT, J. (2001). A Dual-Process Cognitive-Motivational Theory of Ideology and Prejudice. In Zanna, M. P. (org.), *Advances in experimental social psychology* (vol. 33, pp. 41-88). San Diego: Academic Press.

DUCKITT, J. (2003). Prejudice and intergroup hostility. In SEARS, D. O., HUDDY, L. e JERVIS, R. (orgs.), *Political Psychology* (pp. 559-600). Nova Iorque: Oxford University Press

DUNKEL, C. S., DECKER, M., (2012). Using Identity Style and Parental Identification to Predict Political Orientation. *Current Psychology*, 31,65-78.

ERIKSON, E. H. (1964). *Insight and Responsibility*. Nova Iorque: Norton.

EVANS, G. & ANDERSEN, R. (2006). The Political Conditioning of Economic Perceptions. *Journal of Politics*, 68, 194-207.

EYSENCK, H. J. (1954). *The Psychology of Politics*. Londres: Routledge and Kegan Paul Ltd.

BIBLIOGRAFIA | 213

FELDMAN, S. (2003). Values, ideology, and the structure of political attitudes. In SEARS, D. O., HUDDY, L. e JERVIS, R. (orgs.), *Political Psychology* (pp. 477-509). Nova Iorque: Oxford University Press.

FELDMAN, S. (2003). Values, Ideology, and the Structure of Political Attitudes. In David O. S., Huddy, L., & Jervis, R. (orgs.), *Oxford Handbook of Political Psychology* (pp. 477–510). Nova Iorque: Oxford University Press.

FELDMAN, S. & STENNER, K. (1997). Perceived Threat and Authoritarianism. *Political Psychology*, 18, 741-770.

FISKE, S. T., & LINDZEY, G. (orgs.), *The Handbook of Social Psychology* (pp. 554-594). Nova Iorque: McGraw-Hill.

FOWLER, J. H., BAKER L. A., & DAWES, C. T. (2008). Genetic Variation in Political Participation. *American Political Science Review*, 102, 233-248.

FROMM, E. (1941). *Fear of Freedom*. Nova Iorque: Owl Book Ed.

GAZZANIGA, M. (2012). *Who's in Charge?: Free Will and the Science of the Brain*. Nova Iorque: Ecco.

GEORGE, A. L. & GEORGE, J. L. (1956). *Woodrow Wilson and Colonel House*. Nova Iorque: Dover.

GEORGE, L. & LERNER, J. S. (2002). The Role of Affect in Decision Making. In DAVIDSON, R., SCHERER, K. & GOLDSMITH, H. (orgs.), *Handbook of Affective Science* (pp. 619-642). Nova Iorque: Oxford University Press.

GIBSON, J. L. (2006). Enigmas of Intolerance: Fifty Years after Stouffer's Communism, Conformity, and Civil Liberties. *Perspectives on Politics*, 4, 21-34.

GOREN, P. (2002). Character Weakness, Partisan Bias, and Presidential Evaluation. *American Journal of Political Science*, 46, 627-641.

GOREN, P. (2004). Political Sophistication and Policy Reasoning: A Reconsideration. *American Journal of Political Science*, 48, 462-478.

214 | O CÉREBRO DA POLÍTICA

GOREN, P., FEDERICO, C. M., & KITTILSON, M. C. (2009). Source Cues, Partisan Identities, & Political Value Expression. *American Journal of Political Science*, 53, 805-820.

GREEN, D. P., PALMQUIST, B., & SCHICKLER, E. (2002). *Partisan Hearts and Minds: Political Parties and the Social Identities of Voters.* New Haven: Yale University Press.

HAMMACK, P. (2012). Narrative as a Root Metaphor for Political Psychology. *Political Psychology*, 33, 75-103.

HASTE, H. (2012). Where Do We Go From Here in Political Psychology? *Political Psychology*, 33(1), 2-9.

HATEMI, P. K., MEDLAND, S. E., MORLEY, K.I., HEATH, A. C., & MARTIN, N. G. (2007). The Genetics of Voting: An Australian Twin Study. *Behavior Genetics*, 37, 435-448.

HATEMI, P., MCDERMOTT, R. (2012). Broadening Political Psychology. *Political Psychology*, 33(1), 11-25.

HATEMI, P., MCDERMOTT, R. (2012). The Political Psychology of Biology, Genetics, and Behavior. *Political Psychology*, 33, 307-312.

HENDERSON, E. (2014). International leadership: Hitler and Ghandi- avoiding the corrosive power of corruption. In Brunning, H. (org.). *Psychoanalytical essays on power and vulnerability.* Londres: Karnac.

HERMANN, M. (2002). *Assessing leadership style: A trait analysis. Social Science Automotation.* Acedido em Novembro 30, 2013 em < https://socialscience.net/docs/LTA.pdf >

HETHERINGTON, M. J., & WEILER, J. D. (2009). *Authoritarianism and Polarization in American Politics.* Nova Iorque: Cambridge University Press.

HIBBING, M., RITCHIE, M., ANDERSON, M. (2011). Personality and Political Discussion. *Political Behavior*, 33, 601-624.

HOLMES, M. (2013). The force of face-to-face diplomacy: mirror neurons and the problem of intentions. *International Organization*, 67 (4), 829-861.

HOLMES, M. (2013). The Force of Face-to-Face Diplomacy: Mirror Neurons and the Problem of Intentions. *International Organization*, 67 (04), 829-861.

HOUGHTON, D. P. (2009). *Political Psychology: situations, individual and cases.* Nova Iorque: Routledge.

HUDDY, L. (2003). Group Identity and Political Cohesion. In SEARS, D.O., HUDDY L., & JERVIS, R. (orgs.), *Oxford Handbook of Political Psychology* (pp. 511-558). Nova Iorque: Oxford University Press.

JACOBY, W. G. (2000). Issue Framing and Public Opinion on Government Spending. *American Journal of Political Science*, 44, 750-767.

JERVIS, R. (1976). *Perception and Misperception in International Politics.* Princeton: Princeton University Press.

JERVIS, R. (2004). The drunkard's search. In JOST, J. T. e SIDANIUS, J. (orgs.), *Political psychology* (pp. 259-270). Nova Iorque: Psychology Press.

JOST, J. T. e BANAJI, M.R. (2004). The role of stereotyping of system justification and the production of false consciousness. In JOST, J. T. e SIDANIUS, J. (orgs.), *Political psychology* (pp. 294-314). Nova Iorque: Psychology Press.

JOST, J. T., SIDANIUS, J. (2004). *Political Psychology.* Nova Iorque: Psychology Press.

JOST, J. T., KAY, A. C. & THORISDOTTIR, H. (orgs.) (2009). *Social and Psychological Bases of Ideology and System Justification.* Nova Iorque: Oxford University Press.

JOST, John T., FEDERICO, C. M. & NAPIER, J. L. (2009). Political Ideology: Its Structure, Functions, & Elective Affinities. *Annual Review of Psychology*, 60, 307-333.

KANDLER, C., BLEIDORN, W., RIENMANN, R. (2012) Left or Right? Sources of Political Orientation: The Roles of Genetic Factors, Cultural Transmission, Assortative Mating, and Personality. *Journal of Personality and Social Psychology*, 102 (3), 633-645.

216 | O CÉREBRO DA POLÍTICA

KENNEMER, W. (1995). Psychology and the Political Process. *Professional Psychology: Research and Practice*, 26, 456-458.

KINDER, D. R. (2003). Communication and Politics in the Age of Information. In SEARS D. O., HUDDY L. & JERVIS, R. (orgs.), *Oxford Handbook of Political Psychology* (pp. 357-393). Nova Iorque: Oxford University Press.

KINDER, D. R. (2003). Communication and politics is the age of information. In SEARS, D. O., HUDDY, L. e JERVIS, R. (orgs.), *Political Psychology* (pp. 357-393). Nova Iorque: Oxford University Press

KINNVALL, P. N. (2012). The Discursive Frames of Political Psychology. *Political Psychology*, 33, 45-59.

KISS, Z. & HOBOLT, S. B. (2012). *Negative campaigning, emotions and political participation.* Texto apresentado na conferência de encerramento de EJECDEM. Acedido Setembro 17, 2013 em < http://www.elecdem.eu/media/universityofexeter/elecdem/pdfs/florence/Kiss_Hobolt_Negative_campaigning_emotions_and_political_participation.pdf >.

KRANTZ, J. (2014). Reflective space and the exercise of power. In BRUNNING, H. (org.). *Psychoanalytical essays on power and vulnerability.* Londres: Karnac.

KUKLINSKI, J. H., & QUIRK, P. J. (2001). Conceptual Foundations of Citizen Competence. *Political Behavior*, 23, 195-198.

KUNDA, Z. (1990). The Case for Motivated Reasoning. *Psychological Bulletin*, 108, 480-498.

LANE, R. E. (2004). The fear of equalty. In JOST, J. T. e SIDANIUS, J. (orgs.), *Political psychology* (pp. 217-229). Nova Iorque: Psychology Press.

LASSWELL, H. (1948). *Power and Personality.* Nova Iorque: Norton.

LAU, R. R. (2003). Models of decision-making. In SEARS, D. O., HUDDY, L. e JERVIS, R. (orgs.), *Political Psychology* (pp. 19-59). Nova Iorque: Oxford University Press.

BIBLIOGRAFIA | 217

LAU, R. R., & REDLAWSK, D. (2001). Advantages and Disadvantages of Cognitive Heuristics in Political Decision Making. *American Journal of Political Science*, 45, 951-971.

LAU, R. R., & REDLAWSK, D. P. (2006). *How Voters Decide: Information Processing During Election Campaigns*. Nova Iorque: Cambridge University Press.

LAVINE, H. (2002). On-line versus memory-based process models of political evaluation. In MONROE, K. R. (org.), *Political psychology* (pp. 225-243). Nova Jérsia: Lawrence Erlbaum Associates.

LAVINE, H. (2010). *Political Psychology*. Nova Iorque: Sage.

LAVINE, H., LODGE, M. & FREITAS, K. (2005). Authoritarianism, Threat, & Selective Exposure to Information. *Political Psychology*, 26, 219-244.

LAVINE, H., LODGE, M., POLICHAK, J. & TABER, C. (2002). Explicating the Black Box Through Experimentation: Studies of Authoritarianism and Threat. *Political Analysis*, 10, 342-360.

LAZAR, R. A. (2014). The relevance of early development to the psychodynamics of power and vulnerability. In BRUNNING, H. (org.). *Psychoanalytical essays on power and vulnerability*. Londres: Karnac.

LEACH, C. W. (2010). The Person in Political Emotion. *Journal of Personality*, 78, 1828-1856.

LEDER, A. (2014). The powers of symbols, vulnerability of trust and securitisation. In BRUNNING, H. (org.). *Psychoanalytical essays on power and vulnerability*. Londres: Karnac.

LEDOUX, J. (1996). *The Emotional Brain: The Mysterious Underpinnings of Emotional Life*. Nova Iorque: Simon and Schuster.

LEONIE H., Feldman, S., TABER, C. & LAHAV, G. (2005). Threat, Anxiety, and Support for Anti-Terrorism Policies. *American Journal of Political Science*, 49, 593-608.

LEONIE, H. & KHATIB, N. (2007). American Patriotism, National Identity, & Political Involvement. *American Journal of Political Science*, 51, 63-77.

218 | O CÉREBRO DA POLÍTICA

LEVY, J. S. (2003). Political Psychology and Foreign Policy. In SEARS, D. O., HUDDY L. & JERVIS, R. (orgs.), *Oxford Handbook of Political Psychology* (pp. 433-476). Nova Iorque: Oxford University Press.

LODGE, M., & TABER, C. (2000). Three Steps Toward a Theory of Motivated Reasoning. In LUPIA, A., McCUBBINS, M. D. & POPKIN , S. L. (orgs.), *Elements of Reason: Understanding and Expanding the Limits of Political Rationality* (pp. 183-213). Nova Iorque: Cambridge University Press.

LODGE, M., & TABER, C. (2010). *The Rationalizing Voter.* Nova Iorque: Cambridge University Press.

LOSS, C. P. (2011). Psychology, Politics, and Public Policy. *History of Psychology*, 14, 217-219.

MARCUS, G. E. (2003). The psychology of emotions and politics. In SEARS, D. O., HUDDY, L. e JERVIS, R. (orgs.), *Political Psychology* (pp. 182-221). Nova Iorque: Oxford University Press

MARCUS, G. E. (2013). *Political Psychology – neuroscience, genetics and politics.* Nova Iorque: Oxford University Press.

MARCUS, G. E. e MacKUEN, M. B. (2004). Anxiety, enthusiasm, and the vote: The emotional underpinnings of learning and involvement during presidencial campaigns. In JOST, J. T. e SIDANIUS, J. (orgs.), *Political Psychology* (pp. 163-175). Nova Iorque: Psychology Press.

MARCUS, G. E., NEUMAN, W. R., & MacKuen, M. B. (2000). Affective Intelligence and Political Judgment. Chicago: University of Chicago Press.

McAdams, D., Albaugh, M., FARBER, E., DANIELS, J., LOGAN, R. & OLSON, B. (2008). Family Metaphors and Moral Intuitions: How Conservatives and Liberals Narrate Their Lives. *Journal of Personality and Social Psychology*, 95, 978-990.

McDERMOTT, R. (2004). *Political Psychology in International Relations.* Ann Arbor: The University of Michigan Press.

McGRAW, K. M. (2000). Contributions of the Cognitive Approach to Political Psychology. *Political Psychology*, 21, 805-832.

BIBLIOGRAFIA | 219

McGraw, K. M. (2003). Political impressions: formation and management. In Sears, D. O., Huddy, L. e Jervis, R. (orgs.), *Political Psychology* (pp. 394-432). Nova Iorque: Oxford University Press

Miller, P. R. (2011). The Emotional Citizen: Emotion as a Function of Political Sophistication. *Political Psychology*, 32, 575-600.

Mintz, A., DeRouen, K. (2010). *Understanding Foreign Policy Decision Making.* Nova Iorque: Cambridge University Press.

Mondak, J. J. (2010). *Personality and the Foundations of Political Behavior.* Nova Iorque. Cambridge University Press.

Monroe, K. R. (2002). *Political Psychology.* Mahwah: Lawrence Erlbaum Associates.

Morgan-Jones, R. (2014). The vulnerability of European nation state and its citizens in a time of humbling. In Brunning, H. (org.). *Psychoanalytical essays on power and vulnerability.* Londres: Karnac.

MrZEPOVINHO (2010). *As Contradições de Sócrates.* Acedido em Junho 12, 2013 em < http://www.youtube.com/watch?v=cTFFPPLPN3s >.

Northouse, P. G. (2013). *Leadership.* Nova Iorque: Sage.

Nussbaum, M. C. (2013) *Political Emotions.* Cambridge: Harvard University Press.

Oxley, D., *et al.* (2008). Political Attitudes Vary with Physiological Traits. *Science*, 321(5896), 1667-1670.

Pinker, S. (2002). *The Blank Slate: The Modern Denial of Human Nature.* Nova Iorque: Penguin Putnam.

Piurko, Y. (2011). Basic Personal Values and the Meaning of Left-Right Political Orientations in 20 Countries. *Political Psychology*, 32, 537-561.

Post, J. M. (2004). *Leaders and their Followers in a Dangerous World: The Psychology of Political Behavior.* Ithaca, NY: Cornell University Press.

220 | O CÉREBRO DA POLÍTICA

PRATTO, F. 1999. Contemporary Group Dynamics in Political Conflict. *Journal of Peace Psychology*, 5(2), 191-194

QUATTRONE, G. A. e TVERSKY, A. (2004). Contrasting rational and psychological analysis of political choice. In JOST, J. T. e SIDANIUS, J. (orgs.), *Political psychology* (pp. 163-175). Nova Iorque: Psychology Press.

SAPIRO, V. (2003). Theorizing gender in political psychology research. In Sears, D. O., Huddy, L. e Jervis, R. (orgs.), *Political Psychology* (pp. 601-635). Nova Iorque: Oxford University Press

SCHOON, I., CHENG, H. (2011). Determinants of Political Trust: A Lifetime Learning Model. *Developmental Psychology*, 47 (3), 619-631.

SCHWARTZ, S. (2010). Basic Personal Values, Core Political Values, and Voting: A Longitudinal Analysis. *Political Psychology*, 31, 421-452.

SEARS, D. O., HUDDY, L., JERVIS, R. (orgs.) (2003). *Political Psychology*. Nova Iorque: Oxford University Press.

SEARS, D.O. (2002). Long term psychological consequences of political events. In MONROE, K. R. (org.), *Political Psychology* (pp. 249-266). Nova Jérsia: Lawrence Erlbaum Associates.

SETTLE, J. E., DAWES, C. T., & FOWLER J. H. (2009). The Heritability of Partisan Attachment. *Political Research Quarterly*, 62, 601-613.

SHIH, M., PITTINSKY, T., AMBADY, N. (1999). Stereotype susceptibility: Identity Salience and Shifts in Quantitative Performance. *Psychological Science*, 10 (1), 80-83.

SIDANIUS, J. e KURZBAN, R. (2003). Evolutionary approaches to political Psychology. In SEARS, D. O., HUDDY, L. e JERVIS, R. (orgs.), *Political Psychology* (pp. 146-181). Nova Iorque: Oxford University Press.

SIDANIUS, J., & PRATTO, F. (1999). *Social Dominance: An Intergroup Theory of Social Hierarchy and Oppression.* Nova Iorque: Cambridge University Press.

BIBLIOGRAFIA | 221

Silva, R. (2011). *A república por vir.* Arte, política e pensamento para o século XXI. Lisboa: Fundação Calouste Gulbenkian.

Sloterdijk, P. (2008). *Palácio de Cristal – Para uma teoria filosófica da globalização.* Lisboa: Relógio d'água.

Smith, M. B. (1995). A Good Reader in Political Psychology. *Journal of Peace Psychology,* 4, 439-440.

Stein, M. (2014). A culture of mania: a psychoanalytical view of the incubation of the 2008 credit crisis. In Brunning, H. (org.). *Psychoanalytical essays on power and vulnerability.* Londres: Karnac.

Sullivan, J. L., Rahn W. M., & Rudolph T. J. (2002). The Contours of Political Psychology: Situating Research on Political Information Processing. In Kuklinski, J. H. (org.) *Thinking About Political Psychology.* Nova Iorque: Cambridge University Press.

Taber, C. S. (2003). Information processing and public opinion. In Sears, D. O., Huddy, L. e Jervis, R. (orgs.), *Political Psychology* (pp. 433-476). Nova Iorque: Oxford University Press

Tajfel, H. e Turner, J. C. (2004). The social identity theory of intergroup behaviour. In Jost, J. T. e Sidanius, J. (orgs.), *Political Psychology* (pp. 276-293). Nova Iorque: Psychology Press.

Tajfel, H. (1981). *Human Groups and Social Categories.* Nova Iorque: Cambridge University Press.

Theodoridis, A. 2012. Of bold Claims and Excessive Fears: A Call for Caution and Patience Regarding Political Neuroscience. *Political Psychology,* 33, 27-43.

Tileaga, C. (2013) *Political Psychology – critical perspectives.* Nova Iorque: Cambridge University Press.

TVI (2011). *As contradições de Passos Coelho.* Acedido em Junho 12, 2013 em < http://www.tvi24.iol.pt/videos/video/13405522 >.

Utych, S. M. (2012). *Negative Affective Language in Politics.* Comunicação no 35º Encontro Annual da International Society

222 | O CÉREBRO DA POLÍTICA

of Political Psychology. Acedido em Outubro 23, 2013 em < http://www.vanderbilt.edu/political-science/graduate/utych-affective-language-ispp.pdf >.

VALENTINO, N., BRADER, T., GROENENDYK, E., GREGOROWICZ, K., HUTCHINGS, V. (2011). Election night's alright for fighting: the role of emotions in political participation. *The Journal of Politics*, 73(1), 156-170.

WARD, D. (2002). Political Psychology: Origins and Development. In MONROE, K. R. (org.) *Political Psychology*. Mahwah, Nova Jérsia: Erlbaum.

WEBER, C., & FEDERICO, C. (2007). Interpersonal Attachment and Patterns of Ideological Belief. *Political Psychology*, 28, 389-411.

WESTEN, D. (2007). *The Political brain. The role of emotion in deciding the fate of the nation*. Nova Iorque: Public Affairs.

WESTEN, D., BLAGOV, P. S., HARENSKI, K., KILTS, C., & HAMANN, S. (2006). Neural Bases of Motivated Reasoning: An fMRI Study of Emotional Constraints on Partisan Political Judgment in the 2004 U.S. Presidential Election. *Journal of Cognitive Neuroscience*, 18, 1947-1958.

WINTER, D. (2005). Things I've Learned About Personality From Studying Political Leaders at a Distance. *Journal of Personality* 73 (3), 557-584

ZHOU, X., VOHS, K. & BAUMEISTER, R. (2009). The Symbolic Power of Money- reminders of Money Alter Social Distress and Physical Pain. *Psychological Science*, 20 (6), 700-706

ZIZEK, S. (1997). *The plague of fantasies*. Nova Iorque: Verso.